A LA

mesa

CON

Jesús

LOUIE GIGLIO

A LA

mesa

CON

Jesús

66 DÍAS PARA ACERCARTE A CRISTO Y
FORTALECER TU FE

La misión de Editorial Vida es ser la compañía líder en satisfacer las necesidades de las personas con recursos cuyo contenido glorifique al Señor Jesucristo y promueva principios bíblicos.

A LA MESA CON JESÚS
Edición en español publicada por
Editorial Vida. 2022
Nashville, Tennessee

Publicado originalmente en EUA bajo el título:
At the Table with Jesus
Copyright © 2021 por Louie Giglio
Publicado por W Publishing, un sello de Thomas Nelson.
Thomas Nelson es una marca registrada de HarperCollins Christian Publishing, Inc.
Todos los derechos reservados.

Editora en Jefe: *Graciela Lelli*
Traducción y adaptación del diseño al español: *www.produccioneditorial.com*

ISBN: 978-0-82977-154-1
eBook: 978-0-82977-162-6

CATEGORÍA: Religión / Vida Cristiana / Devocional

IMPRESO EN ESTADOS UNIDOS DE AMÉRICA
PRINTED IN THE UNITED STATES OF AMERICA

22 23 24 25 26 LSC 9 8 7 6 5 4 3 2 1

Índice

Sección 4: Jesús es nuestro maestro

Sección 5: Jesús es nuestro gran Yo Soy

Sección 6: Jesús es Señor de todo

Sección 7: Jesús es nuestro amigo

Sección 8: Jesús guía a su iglesia

Sección 9: Jesús es nuestro camino al Padre

Sección 10: Jesús es nuestro Redentor

Sección 11: Jesús es Rey de reyes

Introducción

¿Alguna vez te has preguntado cómo es la mesa más cara del mundo? Yo tampoco. Pero hace poco me llamó la atención el titular de un artículo y, naturalmente, acabé leyéndolo entero.

Resulta que la más cara del mundo se llama la mesa de Tufft, en honor a Thomas Tufft, el ebanista que la fabricó. (Imagínate qué buen negocio podría tener Thomas si viviera en nuestro tiempo. *¡Hecho por Tufft!*). Creada en 1776, esta mesa la compró Richard Edwards, propietario de una tienda en Lumberton, Nueva Jersey. Todo esto suena bastante normal, ¿no?

Ahora viene lo sorprendente. Poco más de doscientos años después, uno de los descendientes de Edwards vendió esta misma mesa en una subasta de Christie's por ¡4.6 millones de dólares! Así es como el *New York Times* redactó el informe de esta venta:

> La guinda del lote fue una consola de Filadelfia con un delantal de estilo chino, de talla calada, patas largas, delgados tobillos y pies en forma de garra con exquisitos detalles. Esta rareza rococó, tallada por Thomas Tufft en 1775-76, se vendió por 4.6 millones de dólares el 20 de enero, convirtiéndose en la mesa más cara del mundo. El precio final se encaramó muy por encima de la mejor estimación de salida, que era de 1.5 millones.

Cuando leí esto, pensé: *¡Umm! ¿Cómo puede algo con «tobillos delgados» costar más de cuatro millones y medio de dólares?*

O sea, ¿qué hay que sea más común que una mesa? Todo el mundo tiene una mesa. Posiblemente más de una. Nuestras casas están llenas

de mesas: mesas de comedor, mesitas de desayuno, de noche, de café…
Si vas a cualquier parque encontrarás toda una línea de mesas de pícnic
en el césped donde cualquiera puede sentarse. O simplemente pones
un pedazo de madera contrachapada sobre unos ladrillos y ¡pum!, ya
tienes una mesa.

Y sin embargo…

Cuanto más lo pienso, más me doy cuenta de que, en nuestra
cultura, las mesas tienen un valor simbólico. Las mesas están relacionadas con algunos de los momentos más importantes y significativos
de nuestras vidas.

Cuando estamos en casa, por ejemplo, nos sentamos a la mesa con
aquellos que nos son más cercanos y queridos. Y alrededor de mesas
de todo tipo tenemos citas, celebramos bodas de oro, forjamos nuevas
amistades, enseñamos importantes lecciones a nuestros hijos e incluso
hacemos negocios y firmamos documentos.

Así, en muchos sentidos, una mesa es un icono de influencia. De
acceso. Cuando permites que alguien se una a ti en una mesa, le estás
invitando a entrar. A acercarse. Te estás abriendo de un modo que te
hace vulnerable.

De manera que sí, creo que entiendo por qué las mesas son valio-
sas. ¿Significa esto que voy a tirar la casa por la ventana la próxima
vez que necesite algún mueble de comedor? ¡Ni hablar! Pero sí quiero
considerar la importancia de la mesa en tu vida. Concretamente, de la
que yo llamo la mesa de tu mente.

Hace poco escribí un libro titulado *No le des al enemigo un asiento
en tu mesa*. En parte se inspira en el salmo 23:5, que dice: «Dispones
ante mí un banquete en presencia de mis enemigos». Me encanta la
imagen de este versículo. Me imagino un campo verde por el que merodean mis enemigos buscando una forma de destruirme. Sin embargo,
precisamente ahí —en medio de los lobos y las hienas— veo al buen
pastor preparándome una mesa e invitándome a sentarme a ella. No
tengo de qué preocuparme cuando me siento a esa mesa. No tengo que

protegerme ni decir nada para justificarme contra mis enemigos. ¿Por qué? Porque estoy sentado a la mesa con el Rey del universo.

He observado, lamentablemente, que muchas personas, entre las cuales estoy yo mismo, tienen el terrible hábito de sacar una silla y decirles gesticulando a aquellos lobos rapaces que merodean por ahí: *Ven aquí. Toma asiento.* Acogemos al enemigo. Le damos a Satanás acceso a nuestras mentes y corazones.

No le des al enemigo un asiento en tu mesa es mi llamada a todos los seguidores de Dios a recuperar nuestra mesa. A erguirnos en la autoridad que nos ha dado Cristo y librarnos de influencias negativas. A cerrar las puertas contra los engaños, las dudas y los temores que Satanás susurra de forma tan constante y persistente tras colarse en nuestro espacio.

Librarnos de las influencias negativas es un paso crucial para ganar la batalla por el control de nuestros corazones y mentes. Si no has tenido ocasión de leer *No le des al enemigo un asiento en tu mesa,* puede que te resulte útil hacerlo durante este recorrido de sesenta y seis días.

Mi meta para este libro es ofrecerte el siguiente paso necesario. Porque una vez has quitado de tu mesa aquello que es nocivo, tienes que hacer sitio para aquello que es más útil, y no hay nada más útil para tu vida y la mía que una relación con Jesucristo auténtica y plena.

A la mesa con Jesús es una invitación a hacer sencillamente lo que sugiere el título: sentarte con Jesús a la mesa de tu mente. Darle acceso y permitir su influencia de la forma más profunda posible. Confiar plenamente en el hecho de que él es bueno y que él solo desea, de corazón, lo mejor para ti.

¿Cómo se hace esto? Me recuerda lo que dice Proverbios 18:10: «Torre inexpugnable es el nombre del Señor; a ella corren los justos y se ponen a salvo». En mi mente, sigo viendo el mismo prado verde con la mesa que Dios me ha preparado en medio de mis enemigos. Pero ahora hay algo nuevo, algo poderoso y protector. Ahora veo una torre fortificada y de gran elevación que rodea la mesa. ¿La ves tú también?

Enormes piedras talladas unidas con cemento. Un muro que se eleva por los cuatro costados. Impenetrable.

La presencia de Jesús en la mesa es la que crea esta torre fortificada. Él es aquel a quien recurrimos cuando necesitamos protección, seguridad, satisfacción y propósito. Él es aquel que fortifica nuestra mente contra los ataques del enemigo.

Durante los próximos sesenta y seis días, vamos a explorar once verdades fundamentales sobre la identidad de Jesús para ayudarte a conocerlo mejor a medida que le invitas a acercarse más a ti. Jesús es Dios. Es humano. Es nuestro Salvador. Es un rabino, un maestro. Jesús es Yo Soy. Es Señor. Es nuestro amigo. Es cabeza de la iglesia y nuestro gran sumo sacerdote. Jesús es el Cordero de Dios. Y Jesús es Rey.

Puedes pensar que cada una de estas verdades es un bloque de la torre fortificada que rodea tu mente y tu corazón. Espero sinceramente que desarrolles una conexión más profunda con Jesús durante este recorrido. Espero que encuentres una confianza mayor en Cristo como tu torre fuerte. Y me encantaría que aprovecharas esta oportunidad para saturarte de Cristo —para empaparte de la verdad de su identidad, lo que él valora y su forma de obrar— para que puedas vivir con confianza y claridad como discípulo suyo.

Ya has escuchado bastante al enemigo, a la cultura, a los medios informativos, a las plataformas de entretenimiento y a las redes sociales. Ahora toca sentarte a la mesa con Cristo y fortalecer tu fe con verdad. Ha llegado el momento de dar el paso siguiente hacia la vida que Dios ideó al crearte desde el comienzo.

Jesús es Dios

DÍA 1

Jesús es Dios

—Ni a los cincuenta años llegas —le dijeron los judíos—,
¿y has visto a Abraham?

—Ciertamente les aseguro que, antes de que Abraham
naciera, ¡yo soy!

Entonces los judíos tomaron piedras para arrojárselas,
pero Jesús se escondió y salió inadvertido del templo.

JUAN 8:57-59

La historia humana nos ha dejado muchas declaraciones atrevidas.
«¡Dadme la libertad o dadme la muerte!», de Patrick Henry, es un
buen ejemplo. También lo es la exhortación de Harriet Tubman a los
esclavos a quienes guiaba por los ferrocarriles subterráneos: «Cuando
escuches a los perros ladrar, sigue hacia adelante. Si ves las antorchas
en el bosque, sigue hacia adelante. Si gritan detrás de ti, sigue hacia
adelante. Nunca te detengas. Sigue hacia adelante. Si quieres saborear
la libertad, sigue hacia adelante».[1]

Sin embargo, la declaración de Jesús afirmando ser Dios es sin
duda la más atrevida que jamás se haya hecho o registrado.

Y sí, esto es exactamente lo que Jesús afirmó en el pasaje de la
Escritura que introduce esta reflexión. Dos mil años antes de que Jesús
anduviera por las calles de Jerusalén, Dios le habló a Moisés por medio
de una zarza ardiente. Cuando Moisés le pidió humildemente a Dios
que le dijera su nombre, Dios le respondió: «YO SOY EL QUE SOY.
Y dijo: Así dirás a los hijos de Israel: YO SOY me envió a vosotros»
(Éxodo 3:14 RVR1960).

2

De vuelta a las calles de Jerusalén, encontramos a un grupo distinto de personas haciendo las preguntas, y esta vez no tan humildemente. Los líderes religiosos querían saber quién creía ser Jesús. De hecho, se lo preguntaron. Y cuando Jesús mencionó una conexión entre Abraham y él, se burlaron. Abraham era un tesoro nacional para el pueblo judío. El fundador de la nación. Uno de los personajes más respetados de la historia, al mismo nivel que Moisés. *¿De qué estaba hablando aquel rabino?*

Fue entonces cuando Jesús soltó la bomba: «Antes de que Abraham naciera, ¡yo soy!».

Este es el primer día de nuestro recorrido juntos, y lo primero que tienes que procesar y entender es que Jesús es Dios. *El* Dios. El único e incomparable creador y sustentador del universo. Y este mismo Dios te ha preparado una mesa en presencia de tus enemigos. Este Dios único e incomparable te ha invitado a unirte a él. Jesús es Dios y te invita a acercarte a él.

Merece la pena masticar esta verdad de la divinidad de Jesús por unos momentos. Jesús no es un mero embajador de Dios. No es solo que forme parte de Dios. Jesús no es simplemente alguien que vivió una vida ejemplar y enseñó algunas cosas útiles y merece ser recordado favorablemente por la historia como alguien que nos ayudó a encontrar una mejor comprensión de Dios.

No, Jesús es Dios. Punto.

Aunque no la aceptaran, los líderes religiosos que estaban escuchando a Jesús entendieron claramente su afirmación. Por esto tomaron piedras para arrojárselas. En su mente, estaban haciendo lo que Dios había ordenado en la ley: «Y el que blasfemare el nombre de Jehová, ha de ser muerto; toda la congregación lo apedreará» (Levítico 24:16 RVR1960). Eran celosos de su religión aun cuando no eran capaces de reconocer al autor de su fe.

Te animo a no repetir su error. Espero más bien que, al acercarte más a Cristo en la mesa de tu mente, dobles tus rodillas en su presencia y declares para que todos te oigan: «Señor Jesucristo, tú eres Dios y yo te adoro».

Considera lo siguiente

¿Qué riesgos asumes al reconocer la verdad de que Jesús es Dios?

¿Qué recompensas recibirás al hacer esta confesión?

VERSÍCULO PARA MEMORIZAR

Si alguien reconoce que Jesús es el Hijo de Dios, Dios permanece en él, y él en Dios.

1 JUAN 4:15

Jesús es el Hijo de Dios

—Y ustedes, ¿quién dicen que soy yo?

—Tú eres el Cristo, el Hijo del Dios viviente —afirmó
Simón Pedro.

—Dichoso tú, Simón, hijo de Jonás —le dijo Jesús—,
porque eso no te lo reveló ningún mortal, sino mi Padre que
está en el cielo.

MATEO 16:15-17

Todos los mejores superhéroes tienen identidades secretas. Bruce
Wayne se viste con un disfraz y se convierte en Batman. Carol Danvers
se transforma en la Capitana Marvel. Diana Prince toma su lazo
mágico y lucha contra el crimen como la Mujer Maravilla. Y Clark
Kent solo tiene que meterse en una cabina telefónica y quitarse las
gafas para convertirse en Superman.

Jesús tenía también una especie de identidad secreta. La gente
de Galilea lo conocía como el carpintero, el hijo de José. Durante
treinta años lo habían visto jugar en sus calles, como aprendiz de José
y luego construyendo sus casas. Después, de repente, Jesús inició un
ministerio. Enseñaba en la sinagoga y, como los rabinos, comenzó
a recorrer el territorio llamando discípulos para que estuvieran con
él. Después empezó a sanar enfermos, expulsar demonios e incluso
resucitar muertos.

Dondequiera que iba, resonaba la misma pregunta una y otra vez:
¿Quién eres? El pueblo quería saberlo, y también querían saberlo los
líderes religiosos y hasta los romanos.

Como era lo usual, algunos ya lo sabían. Aunque no eran exactamente *personas*. Cuando Jesús sanó a un hombre poseído en la región de los gadarenos, el demonio expulsado intentó destapar el secreto de la identidad de Jesús: «—¿Por qué te entrometes, Jesús, Hijo del Dios Altísimo? —gritó con fuerza—. ¡Te ruego por Dios que no me atormentes!» (Marcos 5:7). Cuando Jesús fue tentado por Satanás en el desierto, la serpiente antigua reconoció implícitamente el estatus de superhéroe de Jesús: «El tentador se le acercó y le propuso: —Si eres el Hijo de Dios, ordena a estas piedras que se conviertan en pan» (Mateo 4:3).

A fin fue Pedro —el impetuoso, impulsivo y extremista Pedro— quien puso al corriente al resto de los discípulos cuando le dijo a Jesús: «Tú eres el Cristo, el Hijo del Dios viviente».

Sí, Jesús es el Hijo de Dios. Pero ¿qué significa esto en verdad? Obviamente, Jesús no es solo hijo en sentido biológico. Él ha existido siempre y, como vimos ya el primer día, Jesús *es* Dios. ¿En qué manera, pues, deberíamos entender su título como Hijo *de* Dios?

La respuesta está en la cultura del mundo antiguo. En aquel tiempo, los padres eran también patriarcas de su familia. Tenían toda la autoridad, gestionaban todos los recursos y contaban con todo el respeto. Sin embargo, se entendía que, con el tiempo, el papel de patriarca lo asumiría su hijo primogénito. Por tanto, el primogénito actuaba a menudo como representante de su padre. Si el patriarca tenía que comprar algo, por ejemplo, podía enviar a su hijo para que cerrara el trato. El hijo asumiría la autoridad de su padre y actuaría en su nombre.

Es así como Jesús operó en nuestro mundo: aunque es igual al Padre, vino como su representante. Jesús vino con la autoridad del Padre y tuvo acceso a sus recursos para llevar a cabo su obra. Y por ello se le conoce correctamente como Hijo de Dios.

Jesús es más importante que cualquier superhéroe; muchísimo más. Pero es también más cercano de lo que pueda serlo cualquier personaje de cómic. El Hijo de Dios ha descendido a tu mundo y se ha ofrecido a fortalecerte y a afianzar tu mente y tu corazón. ¿Cómo vas a responder?

Considera lo siguiente

El apóstol Juan declaró que aquellos que siguen a Jesús son «hijos de Dios». ¿Cómo deberíamos entender esta expresión?

¿De qué formas podemos reconocer el correcto estatus de Jesús como lo hizo Pedro?

VERSÍCULO PARA MEMORIZAR

Si alguien reconoce que Jesús es el Hijo de Dios, Dios permanece en él, y él en Dios.

1 JUAN 4:15

Jesús es la Palabra de Dios

En el principio ya existía el Verbo, y el Verbo estaba con Dios, y el Verbo era Dios. Él estaba con Dios en el principio.
JUAN 1:1-2

¿Cuántas Biblias existen en el mundo? La respuesta es un sinnúmero. Muchas más de las que alguien pueda contar o a las que pueda seguir la pista. Esto se debe a que la Biblia no es solo el libro más vendido de la historia, sino que lo sigue siendo hoy. De hecho, cada año se venden o distribuyen más de cien millones de Biblias;[1] es decir, casi 275.000 al día. Y eso sin contar las versiones digitales.

Siguiente cuestión: ¿te has preguntado alguna vez qué *es* la Biblia? ¿Qué es realmente?

Es fácil pensar que la Biblia —la Palabra de Dios— es un libro. O para ser más exactos, una colección de libros. Algo que puede venderse o distribuirse. Pero es más que eso. Y cuando leemos el primer versículo del Evangelio de Juan nos hacemos una idea más clara: «En el principio ya existía el Verbo, y el Verbo estaba con Dios, y el Verbo era Dios».

En este versículo, Juan estaba hablando de Jesús. Esta es la razón por la que, al comenzar el versículo 2, usó el pronombre personal «Él». Jesús es el Verbo (la Palabra) de Dios que estaba «con Dios» en el principio y que es Dios.

Hay dos formas de entender esta conexión entre Jesús y «el Verbo».

La primera es lo que llamamos *revelación*. La Biblia es la revelación especial de Dios para la humanidad. Es una de las principales formas en que Dios se ha revelado a nosotros. La Biblia nos revela quién es, qué hace, qué valora, etcétera. Jesús es la otra forma principal en que Dios se ha revelado a nosotros. Como después diría Juan en su evangelio: «Y el Verbo se hizo hombre y habitó entre nosotros» (1:14). Jesús no nos reveló a Dios mediante un documento escrito, sino viviendo, respirando, caminando, hablando, sanando, enseñando y corrigiendo.

Para entender el segundo sentido de Jesús como la Palabra de Dios hemos de entrar un poco más profundamente en el contexto histórico del tiempo de Juan. En el mundo antiguo, los filósofos usaban la palabra *logos* para aludir al concepto de hablar o pensar. En un sentido más amplio, aludían al *logos* como la propia razón, como la mente de Dios.

Pues bien, la palabra *logos* es la que Juan usó para describir a Jesús en estos versículos. «En el principio ya existía el Verbo...». Juan quería presentar a Jesús a sus lectores señalando su carácter único. Sin precedente. Divino. Él era y es la mente de Dios personificada. El Logos hecho carne.

En pocas palabras, Jesús es la Palabra de Dios.

Si conectamos estas dos ideas, vemos que Jesús nos revela a Dios. Nos revela la mente de Dios a nosotros, que somos simples mortales. Esta era y sigue siendo una gran parte de su misión cuando dejó su reino y entró en el nuestro.

Más en concreto, Jesús está, activamente, revelándote a Dios. Cada vez que abres las páginas de la Escritura encuentras la mente de Dios. El Logos. El Cristo. Cada vez que apartas una silla para sentarte con Jesús a la mesa de tu corazón, te impregnas de esta revelación y consolidas tu conexión con Dios.

Considera lo siguiente

¿Cómo complementa y enriquece Jesús la revelación de Dios por medio de la Escritura?

¿Cómo te ayuda pensar en Jesús como el Logos —«la mente de Dios» o «la razón de Dios»— a entender mejor y a experimentar personalmente quién es él y qué cosas valora?

VERSÍCULO PARA MEMORIZAR

Si alguien reconoce que Jesús es el Hijo de Dios, Dios permanece en él, y él en Dios.

1 JUAN 4:15

DÍA 4

Jesús lo creó todo

Porque por medio de él fueron creadas todas las cosas en el cielo y en la tierra, visibles e invisibles, sean tronos, poderes, principados o autoridades: todo ha sido creado por medio de él y para él.

COLOSENSES 1:16

Es imposible exagerar la extensión de nuestro universo, pues no podemos, en modo alguno, comprenderlo completamente. Es demasiado ingente para medirlo con un mínimo de precisión. Pero sí podemos captar un pequeño destello de la enormidad del universo si pensamos en el número de estrellas que están girando a nuestro alrededor.

Considera esto: nuestro sol es tan enorme que podríamos introducir un millón de planetas Tierra en su interior y, sin embargo, es solo una diminuta mota de polvo dentro de nuestra galaxia, la Vía Láctea, que contiene unos cuatrocientos mil millones de estrellas. Y la Vía Láctea no es sino una diminuta mota de polvo dentro del universo conocido. Los astrónomos estiman que existen más de cien mil millones de galaxias que giran y se mueven en espiral por el cosmos. ¿Cuántas estrellas puede haber en el universo? La estimación oficial está alrededor de 40^{22}, que en lenguaje científico son 400 sextillones. Expresado en un número sería un cuatro seguido de veintitrés ceros.[1]

Más allá de tamaños y extensiones, la increíble verdad es que en el universo todo está relacionado, desde la galaxia más enorme hasta la partícula subatómica más pequeña. Y esto es porque todo lo que está en el universo tiene un origen común: Jesús.

La Escritura dice que por medio de Jesús «fueron creadas todas las cosas». En otras palabras, Jesús es el creador de todo.

Es importante observar que la expresión «todas las cosas» hace realmente referencia a todas las cosas. Jesús es el creador de todas las cosas materiales, es decir, de todo lo que tiene masa, todo aquello que, de algún modo, podemos tocar, medir u observar. Pero Jesús es también el creador de todo lo inmaterial. Él es la fuente de todo el amor, por ejemplo. O de toda la verdad, la bondad, la misericordia y la gracia.

Jesús es incluso el creador del tiempo. Él no está limitado por los minutos ni los meses que confinan todas las experiencias de nuestra vida terrenal. «Todo ha sido creado por medio de él y para él».

Pero Jesús no es solo el creador de todas las cosas, sino también el que las sustenta. Como vemos en Colosenses 1:17: «por medio de él [todas las cosas] forman un todo coherente». Si estás viendo la televisión y alguien tira del cable y desconecta el enchufe de la toma, ¿qué sucede? La pantalla se apaga. De repente desaparece lo que estabas viendo.

Lo mismo sucede con lo que conocemos como realidad. Si Jesús se desconectara de nuestro mundo, todo lo que existe dejaría de existir. La propia existencia dejaría de existir. El universo parpadearía y se desvanecería más rápido que la luz de una bengala. ¿Por qué? Porque no estaría ya conectado a su fuente de energía. Dejaría de estar sustentado por Cristo.

Jesús es el creador y sustentador de todo. Y este Jesús se ha puesto a tu disposición: está cerca de ti y te hace señales para que te sientes con él a la mesa. *¿Por qué no apartas una silla?*

Espero que nunca pierdas de vista lo asombroso que es este regalo. El autor de la vida está interesado en tu vida. El creador de la sabiduría te ha ofrecido su sabiduría. La energía que alimenta incontables estrellas está a tu disposición para sustentarte, apoyarte y guiarte de muchas formas.

Considera lo siguiente

¿Cuándo te ha ayudado disfrutar de la creación a sentirte especialmente vinculado con el Creador?

¿Qué obstáculos te impiden, a veces, sentarte a la mesa con Jesús?

> **VERSÍCULO PARA MEMORIZAR**
>
> Si alguien reconoce que Jesús es el Hijo de Dios, Dios permanece en él, y él en Dios.
>
> **1 JUAN 4:15**

DÍA 5

Jesús te creó

Por medio de él todas las cosas fueron creadas; sin él, nada de lo creado llegó a existir. En él estaba la vida, y la vida era la luz de la humanidad.
JUAN 1:3-4

¿Cuánto es un billón? Es una cifra que suena mucho estos días, especialmente en relación con la economía y la deuda nacional. Y sí, ayer ya hablamos de la existencia de billones y billones de estrellas en el universo. Pero el problema cuando usamos una palabra como *billón* es que es solo una palabra. Es simplemente una selección de letras. ¿Qué significa realmente?

Esta sería una manera de visualizar esa cifra. Digamos que tú estabas vivo cuando Jesús nació y que comenzaste a gastarte un millón de dólares cada día desde aquel momento. Si hubieras conseguido vivir dos mil años y llegar hasta el presente, todavía no te habrías gastado un billón de dólares.

Otro ejemplo podría ser el siguiente: digamos que has contado hasta un millón diciendo un número cada segundo. «Uno, dos, tres, cuatro, cinco», etcétera. Si tuvieras que mantener este ritmo —un número cada segundo— te llevaría once días y medio contar hasta un millón. Si intentaras contar hasta mil millones a este mismo ritmo, necesitarías treinta y dos años para hacerlo. Es, pues, evidente que hay una enorme diferencia entre un millón y mil millones. Pero ¿qué sucedería con un billón? Para contar hasta un billón siguiendo este mismo ritmo de un número por segundo necesitarías ¡treinta y dos mil años![1]

Ya sé que no te has puesto a leer este libro para aprender matemáticas. Solo quería ilustrar la enormidad de un billón porque quiero que entiendas lo increíble que es la afirmación siguiente: hay aproximadamente treinta billones de células en tu cuerpo. ¡Treinta billones! Cada una de estas células lleva a cabo su función sin que tú tengas que hacer nada. Cada una de ellas se coordina con todo tu sistema y coopera con él. Y cada una de ellas tiene tu código genético dentro de su ADN. Eres un ser increíblemente intrincado, inimaginablemente complejo y sumamente sofisticado. En pocas palabras, eres un milagro.

En concreto, eres un milagro creado por Jesús. Él te diseñó. Formó con maestría cada parte de ti y todo lo que te hace ser quien eres. Cuando la Escritura dice «sin él, nada de lo creado llegó a existir», eso nos incluye a ti, a mí y a todos.

Tú tienes un valor e importancia inconmensurables.

Nadie que lea estas palabras es secundario o casual. Fuiste creado a propósito y con un propósito.

Tu vida lleva la firma de tu dueño, el Dios todopoderoso. Él lo sabe todo sobre ti —lo bueno y lo malo— y aun así desea tener comunión contigo y te invita a conocerlo.

Esta es la razón por la que te creó milagrosamente: para que te sentaras a la mesa con él.

Considera lo siguiente

¿Qué es lo que más te gusta de ti? ¿Por qué?

¿Qué áreas de tu corazón y de tu mente estás intentando ocultarle a Cristo?

VERSÍCULO PARA MEMORIZAR

Si alguien reconoce que Jesús es el Hijo de Dios, Dios permanece en él, y él en Dios.

1 JUAN 4:15

DÍA 6

Jesús es supremo

Dios, que muchas veces y de varias maneras habló a
nuestros antepasados en otras épocas por medio de los
profetas, en estos días finales nos ha hablado por medio de
su Hijo. A este lo designó heredero de todo, y por medio de
él hizo el universo. El Hijo es el resplandor de la gloria de
Dios, la fiel imagen de lo que él es, y el que sostiene todas
las cosas con su palabra poderosa.
HEBREOS 1:1-3

No hay duda de que vivimos en un mundo con muchas opciones.
Toneladas de opciones. Posiblemente, demasiadas opciones.

Si vas al supermercado, por ejemplo, quizá te imaginas que aga-
rrarás un bote de kétchup y sin más podrás seguir adelante con tu
vida. Pero cuando te plantas en el pasillo de los condimentos, te das
cuenta de que tienes que decidirte entre, al menos, ¡treinta versiones
distintas de kétchup! Algunos están a precios rebajados. Otros son
orgánicos. Algunos son de marcas conocidas y otros son genéricos.
Y algunos incluso se llaman «cátsup», ¡sea lo que sea eso!

De manera que tienes opciones. Pero ¿cuál de ellas es la mejor?
¿Qué bote de kétchup te aportará el mejor sabor al mínimo coste?
Tener demasiadas opciones puede ser un problema.

Lamentablemente, muchas personas se acercan a su vida espiritual de la misma forma. Observan el mundo y ven montones de
sistemas religiosos. Muchos dioses. Muchas opciones. Aun los cristianos pueden dejarse llevar por esta línea de pensamiento: *Puede que*

esas religiones sean la mejor opción para algunas personas, pero Jesús es la mejor opción para mí.

Escúchame, por favor: esto es invitar al enemigo a sentarse a tu mesa. Es peligroso porque Jesús no es la mejor opción entre otras también válidas, sino la *única*. Él es supremo.

Esto es lo que el autor de Hebreos quería comunicarnos. Cuando lees este libro, captas rápidamente el desarrollo de un tema. Los primeros dos capítulos nos muestran que Jesús es superior a los ángeles en el reino espiritual. El capítulo tres explica que Jesús es superior a Moisés: una afirmación muy atrevida cuando se escribe a receptores judíos. En los capítulos 4–7 vemos que Jesús es superior al sistema sacrificial del Antiguo Testamento, y en el capítulo 8 se cierra el círculo mostrando que la sangre de Jesús derramada en la cruz es superior a la sangre de los machos cabríos y los carneros veterotestamentarios. Los capítulos 9 y 10 nos hablan de su sacrificio en la cruz.

De hecho, si tuviéramos que resumir los trece capítulos de este libro en una sola frase sería probablemente algo así: *Jesús es mejor.* Para aludir a esto con una elegante expresión doctrinal hablaríamos de *la supremacía de Cristo*, que simplemente significa que Jesús está por encima de todo lo demás.

Cuando te sientas a la mesa con Jesús, no lo estás haciendo con una buena manera de encontrar salvación, ni siquiera con la mejor forma de desarrollar una conexión con Dios. Jesús es el único camino. Él es supremo. Porque es Dios.

Considera lo siguiente

¿Qué sucedería si proclamaras públicamente que Jesús es supremo sobre cualquier otro dios o sistema religioso?

¿Qué emociones experimentarías si hicieras este tipo de proclamación? ¿Por qué?

VERSÍCULO PARA MEMORIZAR

Si alguien reconoce que Jesús es el Hijo de Dios, Dios permanece en él, y él en Dios.

1 JUAN 4:15

Jesús es plenamente Dios y plenamente hombre

DÍA 7

Jesús es humano

Pero, cuando se cumplió el plazo, Dios envió a su
Hijo, nacido de una mujer, nacido bajo la ley, para
rescatar a los que estaban bajo la ley, a fin de que
fuéramos adoptados como hijos.

GÁLATAS 4:4-5

Cada parto es un momento singular, un episodio único dentro de la historia humana. Obviamente, el nacimiento de cada ser humano es un momento decisivo de su vida. ¡Ninguno de nosotros estaríamos aquí si no hubiéramos nacido! Pero no solo eso, sino que el acto es en sí excepcional. El parto trae una nueva vida, no solo en un sentido orgánico y físico, sino también en el sentido de un nuevo momento creativo, una nueva génesis. Cada bebé que nace representa la presencia de un nuevo cuerpo, alma y espíritu. Una nueva *persona*.

¿Qué puede compararse con esto?

Cuando te sientas a la mesa con Jesús, recuerda que él experimentó tanto el Génesis como una génesis. Creó el universo por medio de su palabra, y también respiró las primeras bocanadas de aire con los diminutos y recién estrenados pulmones de un bebé. La Escritura dice que Jesús «nació de mujer», y con ello da a entender que, igual que tú y yo, experimentó tanto el milagro como el galimatías del embarazo y el parto. El suyo fue un nacimiento verdadero. Hubo una placenta. Alguien (posiblemente José) cortó el cordón umbilical que había unido a Jesús con María durante muchos meses.

En otras palabras, Jesús nació como un ser humano. Una persona. Un hombre.

Hemos visto en la sección anterior que Jesús es Dios. Plenamente Dios. Existe fuera del tiempo, y es creador y sustentador de todas las cosas. Es extraño, pues, decir que Jesús es plenamente humano. Quiero decir desde el principio que soy consciente de que esto es estrambótico. Porque yo soy humano, tú eres humano y lo son todas las personas que has conocido. Y ninguno de nosotros es divino. Ninguno de nosotros parece Dios ni actúa como él.

De manera que sí, es extraño decir que Jesús es Dios y a la vez humano, pero es también cierto. Y sabemos que lo es porque la Escritura lo deja claro como el agua. Juan comienza su evangelio enseñando que Jesús, el Verbo (o Palabra) de Dios, «era Dios» y «estaba con Dios en el principio» (1:1-2), lo cual significa que Jesús es Dios. Después, solo doce versículos más adelante, Juan dice: «Y el Verbo se hizo hombre y habitó entre nosotros» (v. 14), lo cual significa que Jesús es humano. Él «se hizo hombre».

El autor de Hebreos escribe: «El Hijo es el resplandor de la gloria de Dios, la fiel imagen de lo que él es» (1:3), lo cual significa que Jesús es Dios. Luego, solo un capítulo después, escribe: «Por tanto, ya que ellos son de carne y hueso, él también compartió esa naturaleza humana para anular, mediante la muerte, al que tiene el dominio de la muerte —es decir, al diablo» (2:14), lo cual significa que Jesús es humano. Jesús comparte nuestra humanidad.

Solo para aclarar, es importante saber que Jesús no es en parte Dios y en parte hombre. No es un noventa por ciento Dios y un diez por ciento hombre, ni un cincuenta por ciento Dios y un cincuenta por ciento hombre. Ya sé que tu calculadora no lo acepta, pero Jesús es cien por cien Dios y cien por cien hombre. Plenamente uno y plenamente lo otro. Plenamente ambos.

No, no entiendo cómo puede ser. Pero sí, doy gracias por compartir la mesa de mi mente con Jesús, que es plenamente Dios y plenamente hombre.

Considera lo siguiente

¿Cómo definirías lo que significa ser humano?

Menciona algunas similitudes y diferencias entre tu naturaleza humana y la de Cristo.

VERSÍCULO PARA MEMORIZAR

Y el Verbo se hizo hombre y habitó entre nosotros. Y hemos contemplado su gloria, la gloria que corresponde al Hijo unigénito del Padre, lleno de gracia y de verdad.

JUAN 1:14

Jesús se despojó a sí mismo por nosotros

La actitud de ustedes debe ser como la de Cristo Jesús, quien, siendo por naturaleza Dios, no consideró el ser igual a Dios como algo a qué aferrarse. Por el contrario, se rebajó voluntariamente, tomando la naturaleza de siervo y haciéndose semejante a los seres humanos.
FILIPENSES 2:5-7

Durante las últimas décadas Hollywood ha conseguido llevar a la pantalla importantes éxitos de taquilla, y es interesante ver cuántas de estas películas realmente influyentes y taquilleras comparten una temática de redención. *Star Wars* fue una de esas películas: «Ayúdame, Obi-Wan Kenobi, eres mi única esperanza». *Salvar al soldado Ryan* fue una fantástica historia sobre un grupo de soldados atravesando una zona de la Francia ocupada en medio de la Segunda Guerra Mundial y haciendo todo lo posible por rescatar una aguja en un pajar en un entorno armado hasta los dientes. Otras de estas obras cinematográficas son *Toy Story*, la serie de *Los Vengadores*, etcétera.

Uno de los temas recurrentes que aparecen en este cine redentor es el sacrificio. No es suficiente que un héroe vaya a buscar a alguien desaparecido o en peligro y le rescate. Algo debe perderse en este proceso. Tiene que arriesgarse voluntariamente algo y liberarse después, también voluntariamente, para que pueda haber una verdadera salvación.

Creo que esta es una de las razones por las que el mensaje del evangelio conecta a un nivel tan profundo con las personas. Porque cuando entiendes que Jesús es plenamente Dios, comienzas también a comprender lo que él abandonó para hacerse humano, venir a nuestro mundo y rescatarnos de nuestro pecado.

En Filipenses 2, Pablo escribió que Jesús «se rebajó voluntariamente». La versión RVR1960 lo traduce como «se despojó a sí mismo». La versión La Palabra (BLP) dice que «se despojó de su grandeza» tomando forma de siervo y asumiendo la condición humana. Esta es otra verdad bíblica de comprensión difícil pero vital si queremos entender la plena dimensión de lo que Cristo ha hecho por nosotros.

No es solo que Jesús fuera plenamente humano y plenamente divino cuando nació en nuestro mundo, sino que lo era también cuando estuvo andando por las calles de Jerusalén, cuando llevó a cabo milagros e incluso cuando murió. Pero esto plantea grandes preguntas. ¿Cómo puede la plenitud de Dios caber en un ser humano? Si alguna vez has intentado introducir la última bolsa de basura en el contenedor el día de la recogida, sabes lo imposible que es. ¿Cómo, pues, puede un Dios infinito caber en nuestro pequeño planeta, y no digamos en un cuerpo humano? ¿Cómo puede un Dios todopoderoso ser ejecutado en una cruz?

La respuesta es que Jesús se despojó a sí mismo. Se desprendió de su grandeza. Tomó forma de siervo. ¿Por qué? Porque quería rescatarnos a ti y a mí. Para salvarnos. Para brindarnos un hogar.

¡Es una verdad que puedes usar para fortalecer tu mente contra los ataques de tus enemigos! Jesús bajó del cielo para rescatarte porque valía la pena hacerlo. Valía la pena salvarte. Eres precioso para él y siempre lo has sido.

Considera lo siguiente

¿Por qué necesitabas ser rescatado antes de que Jesús viniera a tu vida?

¿Quién de entre tus amigos y familiares necesita oír acerca de la misión de rescate de Jesús?

VERSÍCULO PARA MEMORIZAR

Y el Verbo se hizo hombre y habitó entre nosotros. Y hemos contemplado su gloria, la gloria que corresponde al Hijo unigénito del Padre, lleno de gracia y de verdad.

JUAN 1:14

Jesús experimentó la tentación

Por lo tanto, ya que en Jesús, el Hijo de Dios, tenemos
un gran sumo sacerdote que ha atravesado los cielos,
aferrémonos a la fe que profesamos. Porque no tenemos
un sumo sacerdote incapaz de compadecerse de nuestras
debilidades, sino uno que ha sido tentado en todo de la
misma manera que nosotros, aunque sin pecado.
HEBREOS 4:14–15

¿Hay algún Señor Obvio en tu entorno? Me refiero a alguien que siempre expresa cosas que son evidentes. Son esa clase de personas que se te acercan sigilosamente durante una tormenta y te dicen: «Parece que hoy va a ser un día húmedo». O te las encuentras en un concierto, tapándose los oídos, y no pueden evitar decirte a gritos: «¡Han puesto el volumen muy alto aquí!».

Lo digo porque en la Biblia hay una de estas situaciones que me arranca una risita siempre que la leo. Al principio de Mateo 4, el texto dice que Jesús fue llevado por el Espíritu al desierto para ser tentado por el diablo. Entonces llegamos al versículo 2: «Después de ayunar cuarenta días y cuarenta noches, tuvo hambre».

¡Ahí lo tienes! Jesús estuvo cuarenta días y cuarenta noches en el desierto sin nada que llevarse a la boca. Ni una migaja. Es como hacer un propósito de año nuevo y pasarte todo el mes de enero sin comer. Ah, y también la primera semana de febrero. Y después esperar otros tres días antes de agenciarte un plato de sopa el 10 de febrero.

¡Por supuesto que Jesús tenía hambre! Estoy bastante seguro de que yo estaría muerto.

No me malinterpretes, no estoy cuestionando la Escritura. No creo que Mateo nos estuviera dando información innecesaria. De hecho, creo que este versículo es muy útil. ¿Por qué? Porque nos recuerda que Jesús es humano, no solo en un sentido abstracto, sino en la vida real.

Cuando Jesús no comía, tenía hambre. Seguro que en el taller con José, cuando aprendía carpintería, más de una vez se golpeó el pulgar con un martillo —asumiendo que en aquellos días hubiera martillos— y le dolió. Probablemente se cortó y sangró. Resbaló con la gravilla subiendo y bajando por los montes de Nazaret. Tenía sus comidas preferidas y posiblemente pensaba que algunas verduras no tenían muy buen sabor.

Y no solo eso, sino que la Escritura dice que Jesús «ha sido tentado en todo de la misma manera que nosotros». Piensa en esto por un momento. Piensa en estas áreas de tentación que te molestan: gula, ira, lujuria, pereza, chismorreo, engaño, etcétera. *¡Jesús sabe lo que son estas cosas!* Él ha experimentado las mismas tentaciones. Sí, el texto deja claro que Jesús no pecó, pero la cuestión es que él ha estado en tu lugar. Él sabe lo que significa tener una clara comprensión de la voluntad de Dios y, sin embargo, sentirse atraído hacia otra dirección.

Esto es una buena noticia para ti, porque cuando te sientas a la mesa con Jesús no estás interactuando con un mojigato que te mira con el ceño fruncido siempre que cometes un error y chasquea la lengua con desaprobación. No, le estás dando acceso a un amigo que empatiza con tus debilidades y te ayuda a tomar mejores decisiones. Le estás dando el control a un Salvador que te ofrece misericordia y gracia cuando las necesitas.

Considera lo siguiente

¿En qué cosas necesitas misericordia y gracia en este momento de tu vida?

¿De qué formas prácticas puedes dirigirte a Jesús en los momentos de tentación?

VERSÍCULO PARA MEMORIZAR

Y el Verbo se hizo hombre y habitó entre nosotros. Y hemos contemplado su gloria, la gloria que corresponde al Hijo unigénito del Padre, lleno de gracia y de verdad.

JUAN 1:14

DÍA 10

Jesús es un personaje histórico

Tan pronto como amaneció, los jefes de los sacerdotes, con los ancianos, los maestros de la ley y el Consejo en pleno, llegaron a una decisión. Ataron a Jesús, se lo llevaron y se lo entregaron a Pilato.
—¿Eres tú el rey de los judíos? —le preguntó Pilato.
—Tú mismo lo dices —respondió.
MARCOS 15:1-2

Cuando recorremos la historia del mundo, sobre todo la de ciertos países, es fácil identificar a las personas que fueron especialmente importantes e influyentes en su tiempo y después, y que adquirieron una aureola casi mítica. George Washington y Susan B. Anthony son buenos ejemplos en Estados Unidos. La reina Isabel II y Winston Churchill lo serían en Inglaterra. Nelson Mandela en Sudáfrica. Mohandas Gandhi en India.

Se trata de personas que parecen arquetipos. Sus rostros y figuras han sido inmortalizados en pinturas y esculturas. Sus nombres están en escuelas y calles de todo el mundo. Sus leyendas han adquirido tanto peso que es fácil olvidar que comenzaron como personas normales.

Si no tenemos cuidado, podemos llevar esta tendencia hasta un extremo cuando se trata de Jesús. Podemos empezar a pensar en él como una leyenda o como un personaje de fábulas en lugar de reconocerle como un personaje histórico. Y no te quepa ninguna duda: Jesús es un personaje histórico. Nació en una aldea llamada Belén y creció en otro pueblo llamado Nazaret. Ambos lugares siguen existiendo hoy. Puedes visitarlos. Cualquiera puede ver el lugar de las afueras de Nazaret donde los conciudadanos de Jesús intentaron matarlo arrojándolo por un precipicio (Lucas 4:29). Jesús navegó por el mar de Galilea y comió pescado de aquellas aguas. Anduvo por las calles de Jerusalén y enseñó en las gradas del templo, algunas de las cuales siguen hoy en pie.

Aquellos que creen que Jesús no existió realmente suelen decir que las únicas pruebas de su existencia están en la Biblia. Esto no es verdad. Hay una gran cantidad de pruebas históricas de la vida, muerte y resurrección de Jesús esperando a cualquiera que esté dispuesto a echar un vistazo, leer y aprender. Por ejemplo, el historiador judío Josefo menciona varias veces a Jesús en sus escritos, en los que también aparece Jacobo, «el hermano de Jesús, llamado Mesías». Jacobo era un nombre muy común en aquellos días. Y también lo era Jesús. Por ello Josefo dio algún detalle complementario para clarificar a qué Jesús se refería: al llamado Mesías.

Otro ejemplo es Tácito, probablemente el historiador romano más famoso de aquel tiempo. En sus *Anales*, Tácito describe de este modo a los cristianos: «El autor de este nombre fue Cristo [*Christus* en latín], el cual, imperando Tiberio, había sido ajusticiado por orden de Poncio Pilato. Por entonces se reprimió algún tanto aquella perniciosa superstición; pero tornaba otra vez a reverdecer, no solamente en Judea, origen de este mal, sino también en la ciudad [Roma], donde llegan y se celebran todas las cosas atroces y vergonzosas».[1]

Es evidente que Tácito no era muy fan de los cristianos. Pero esto no impide que sus palabras confirmen la vida de Jesús, su muerte y las repercusiones de su resurrección, así como también el detalle histórico de Poncio Pilato como responsable de la crucifixión de Jesús.

¿Por qué? Porque Jesús es un personaje histórico. Y su impacto sobre la historia humana es incomparable.

Cuando te sientas a la mesa con Jesús no te sientas, pues, con un personaje. No estás recibiendo fuerzas de una invención de tu imaginación. No, estás profundizando tu conexión con aquel que anduvo sobre el agua. Con el Maestro que sigue enseñando. Con el Sanador que sigue sanando.

Considera lo siguiente

¿Por qué es importante reconocer y defender la verdad de que Jesús ha formado parte de la historia humana?

¿De qué formas ha impactado Jesús la historia humana?

VERSÍCULO PARA MEMORIZAR

Y el Verbo se hizo hombre y habitó entre nosotros. Y hemos contemplado su gloria, la gloria que corresponde al Hijo unigénito del Padre, lleno de gracia y de verdad.

JUAN 1:14

DÍA 11

Jesús es el Hijo del hombre

—Les aseguro —respondió Jesús— que en la renovación de todas las cosas, cuando el Hijo del hombre se siente en su trono glorioso, ustedes que me han seguido se sentarán también en doce tronos para gobernar a las doce tribus de Israel.

MATEO 19:28

¿Te has dado cuenta de cuántos títulos flotan en nuestra atmósfera social? Tenemos los títulos de cada día como *señor, señora, señorita, caballero,* etcétera. Estos son los de uso normal. Desde un punto de vista profesional, tenemos los títulos ocupacionales como *doctor, agente, capitán, senador, juez...* Cuando se trata de puestos de trabajo reales dentro de una organización, nos las hemos de ver con la sopa de letras de los *CEO, CFO, COO, CIO* y *CMO,* además de *presidente, vicepresidente, presidente del consejo,* etcétera.

A Jesús se le nombró con varios títulos durante su ministerio público. Los demonios y quienes entendían su verdadera naturaleza solían aludir a él como «Hijo de Dios». Naturalmente, *Cristo* y *Mesías* son títulos que hoy suelen relacionarse con Jesús, aunque durante su ministerio él evitó generalmente estos términos en público, sabiendo que afirmar ser el Mesías —el Cristo— le llevaría a ser detenido y ejecutado. Por ello Jesús aguardó el momento oportuno para usar estos términos.

El título que Jesús sí usó para aludir a sí mismo fue *Hijo del hombre*. De hecho, se sirvió de él a menudo cuando hablaba de sí mismo: «cuando el Hijo del hombre se siente en su trono glorioso, ustedes que me han seguido se sentarán también en doce tronos».

Hijo del hombre es un título interesante porque puede interpretarse de dos formas. En primer lugar, en el tiempo de Jesús y en épocas anteriores se utilizaba a menudo para señalar a una persona distinguida, alguien que era digno de interés, pero esencialmente humano. Por ejemplo, Dios se refirió al profeta Ezequiel como «hijo de hombre» más de noventa veces.

En este sentido, pues, ser un hijo de hombre era simplemente ser humano. Pero la segunda interpretación de este título era muy distinta.

Cientos de años antes del nacimiento de Jesús, el profeta Daniel recibió una visión del futuro Mesías, el futuro Salvador que rescataría al pueblo de Dios. Esto es lo que vio:

> En esa visión nocturna, vi que alguien con aspecto humano venía entre las nubes del cielo. Se acercó al venerable Anciano y fue llevado a su presencia, y se le dio autoridad, poder y majestad. ¡Todos los pueblos, naciones y lenguas lo adoraron! ¡Su dominio es un dominio eterno, que no pasará, y su reino jamás será destruido! (Daniel 7:13-14)

Con el beneficio de la historia, entendemos que toda esta visión apuntaba a Jesús. Él es aquel a quien se concede autoridad, gloria y poder. Es el legítimo Rey y soberano sobre todos los pueblos y naciones, y su reino nunca será destruido.

Detente por un momento y deja que esto penetre en tu mente. Jesús es el tema de antiguas profecías de hace miles de años y es también el que se sienta a tu lado a la mesa. Su autoridad te abre puertas. Su gloria te ilumina. Y su poder protege tu mente y tu corazón contra los ataques de quienes desean hacerte daño.

Considera lo siguiente

Menciona algunas formas concretas en que te has beneficiado
de la humanidad de Jesús.

Menciona algunas formas concretas en que te has beneficiado del
papel de Jesús como Mesías y como Salvador.

VERSÍCULO PARA MEMORIZAR

Y el Verbo se hizo hombre y habitó entre
nosotros. Y hemos contemplado su gloria,
la gloria que corresponde al Hijo unigénito
del Padre, lleno de gracia y de verdad.

JUAN 1:14

Jesús es Dios con nosotros

Pero, cuando él estaba considerando hacerlo, se le apareció en sueños un ángel del Señor y le dijo: «José, hijo de David, no temas recibir a María por esposa, porque ella ha concebido por obra del Espíritu Santo. Dará a luz un hijo, y le pondrás por nombre Jesús, porque él salvará a su pueblo de sus pecados». Todo esto sucedió para que se cumpliera lo que el Señor había dicho por medio del profeta:
«La virgen concebirá y dará a luz un hijo, y lo llamarán Emanuel» (que significa «Dios con nosotros»).
MATEO 1:20-23

No cabe duda de que la Navidad es una de las mejores épocas del año. Sí, ya lo sé, son días frenéticos. Y también sé que puede ser cara y que reunirse con la familia no es siempre tan divertido como debería ser. Y sí, no se me escapa que normalmente hay al menos un momento en que estás a punto de levantar las manos y huir a alguna cabaña perdida en la montaña o a una isla desierta. A mí también me ocurre eso.

Sin embargo, cuando pones todo eso a un lado y te centras en la esencia de las cosas, la Navidad consiste en que Dios se ha acercado y ha entrado en nuestro mundo. Como dijo el profeta Isaías hace miles de años, la Navidad trata de «Dios con nosotros», lo cual significa que trata íntegramente de Jesús.

Jesús es Enmanuel, que significa «Dios con nosotros». Lo importante es, no obstante, que la encarnación de Cristo no fue la primera vez que Dios se hizo cercano para estar con la humanidad. No, él ha estado con nosotros desde el principio.

Génesis 3 nos recuerda que Dios tenía la costumbre de andar con Adán y Eva en el huerto del Edén. A menudo estaba con ellos «cuando el día [comenzaba] a refrescar» (v. 8). Simplemente para pasar un rato juntos. Para estar con ellos y disfrutar de su compañía. Esto es lo que significa Dios con nosotros.

Hablando con Abraham, Dios le prometió: «Estableceré mi pacto contigo y con tu descendencia, como pacto perpetuo, por todas las generaciones. Yo seré tu Dios, y el Dios de tus descendientes» (17:7). Sí, ese momento se enmarca a menudo en el pacto de Dios con Abraham, un acuerdo legal. Pero no pases por alto el elemento personal. El creador del universo se puso delante de Abraham y le dijo: «Yo seré *tu Dios*». Esto es lo que significa Dios con nosotros.

Éxodo registra esta increíble declaración: «Y hablaba el Señor con Moisés cara a cara, como quien habla con un amigo» (33:11). Cuando Salomón llevó el arca del pacto a la casa de Dios, la presencia de Dios saturaba hasta tal punto el templo que «los sacerdotes no pudieron celebrar el culto, pues la gloria del Señor había llenado el templo» (1 Reyes 8:11). Y a lo largo de todo el Antiguo Testamento, la promesa de Dios para la humanidad resonó una y otra vez: «Ustedes serán mi pueblo, y yo seré su Dios» (Jeremías 30:22). Esto es lo que significa Dios con nosotros.

A lo largo de la historia, cada vez que la humanidad ha intentado alejar a Dios a través de la rebelión o el pecado, él ha respondido dando un paso más cerca, implicándose más, adentrándose más en el desastre de nuestro mundo. Así es exactamente como llegó Jesús. Él es el cumplimiento final de la promesa de Dios de estar con nosotros.

Y esta es la razón por la que espero que te sientes con él a la mesa en este momento. Jesús no es solo Dios con nosotros; es Dios contigo. Siempre que metes la pata, él se acerca un poco más. Siempre que cometes un error, él siente tu vergüenza y se acerca a ti para fortalecer tu mente.

Considera lo siguiente

¿Cuándo has sentido una intimidad especial con Jesús?

¿Qué pasos puedes dar para buscar su presencia de forma activa y deliberada?

VERSÍCULO PARA MEMORIZAR

Y el Verbo se hizo hombre y habitó entre nosotros. Y hemos contemplado su gloria, la gloria que corresponde al Hijo unigénito del Padre, lleno de gracia y de verdad.

JUAN 1:14

Jesús es nuestro glorioso Salvador

DÍA 13

Jesús es Salvador

—Ya no creemos solo por lo que tú dijiste —le decían a la
mujer—; ahora lo hemos oído nosotros mismos, y sabemos
que verdaderamente este es el Salvador del mundo.
JUAN 4:42

¿Te has dado cuenta de que los salvadores no están de moda en estos días? Hasta ahora había una fórmula fija para la creación de héroes. Se comenzaba con una buena historia de fondo, se introducían unos bíceps voluminosos y unos abdominales bien marcados y se terminaba con unas gotitas de virtud incuestionable. En algunos casos se añadía un eslogan ingenioso con fines comerciales. En el cine moderno, los únicos héroes que se me ocurren según estos parámetros son el Capitán América y la Mujer Maravilla.

Nuestra cultura prefiere a los antihéroes. Nos gustan los protagonistas que parecen antagonistas y hablan un poco como ellos. Cuando corren (o vuelan) hacia la acción, llevan consigo cierto bagaje. Cometen errores. Desdibujan las líneas entre el bien y el mal, lo correcto y lo incorrecto, lo práctico y lo inspirador.

Puede que esta sea la razón por la que a tantas personas les cuesta creer quién es Jesús y todo lo que hizo, porque no se parece en nada a Walter White (*Breaking Bad*) o al Mercenario Bocazas (*Deadpool*). Jesús es el Salvador por antonomasia.

Me encanta ver cómo resalta el carácter de Jesús en su encuentro con la mujer samaritana. Si ya has oído esta historia, recordarás que los samaritanos y los judíos eran enemigos mortales. Piensa en los enconados conflictos étnicos de nuestro tiempo entre israelíes y palestinos, o entre sunitas y chiitas. Así era como los judíos veían a los samaritanos. Y este sentimiento era más o menos recíproco.

Sin embargo, durante un viaje con sus discípulos, Jesús decidió pasar por un pueblo samaritano llamado Sicar y detenerse en un pozo. Cuando una mujer del pueblo se acercó al pozo donde Jesús estaba sentado, él no la ignoró, como era costumbre en aquel tiempo, sino que inició una conversación. ¿Por qué? Porque en aquel pozo, Jesús entendió que aquella mujer se estaba ahogando, no en agua, sino en su pecado. Se ahogaba en las consecuencias de sus malas decisiones.

Jesús se acercó para salvar a aquella mujer no porque le conviniera ni porque quisiera introducir su marca en la comunidad samaritana. No, se acercó a ella, simplemente, porque es salvador; *el* Salvador. Acercarse para ayudar a los necesitados es un rasgo fundamental de su naturaleza y carácter. De hecho, alcanzar a los necesitados era (y es) el eje de su misión y propósito. Es la razón por la que vive.

Jesús no solo brindó su oferta de salvación a esa mujer, sino también a todo el pueblo. Recuerda que aquellas personas habrían sentido un rechazo inmediato hacia Jesús porque era judío; sin embargo, solo necesitó dos días para transformar aquel rechazo en asombro. «Ya no creemos solo por lo que tú dijiste —le decían a la mujer—; ahora lo hemos oído nosotros mismos, y sabemos que verdaderamente este es el Salvador del mundo».

¿Lo has oído por ti mismo? ¿Sabes que Jesús salva? ¿Has tomado la misma decisión que los samaritanos de aquel tiempo? En caso afirmativo, ¿reflejan tus acciones esta decisión cada día? Si no es así, él se está acercando a ti en este mismo momento. De modo que toma una silla. Siéntate cerca de él. Deja que el Salvador comience la conversación y verás dónde te lleva.

Considera lo siguiente

¿Cómo describirías o resumirías el papel de Jesús como Salvador?

¿Dónde tendrás ocasión esta semana de presentar a Jesús a otras personas que necesitan salvación?

VERSÍCULO PARA MEMORIZAR

De hecho, en ningún otro hay salvación, porque no hay bajo el cielo otro nombre dado a los hombres mediante el cual podamos ser salvos.

HECHOS 4:12

Jesús es el Cristo

—Sé que viene el Mesías, al que llaman el Cristo —respondió
la mujer—. Cuando él venga nos explicará todas las cosas.
    —Ese soy yo, el que habla contigo —le dijo Jesús.
JUAN 4:25-26

¿Hay algo más gratificante que un sueño hecho realidad? ¿Una promesa cumplida? ¿Existe algo más maravilloso que esperar algo que deseas profundamente, durante mucho tiempo —tanto que *casi* tiras la toalla— y ver que, al fin, se cumple?

No se me ocurre nada mejor.

La gente del tiempo de Jesús esperaba el cumplimiento de un deseo así, y lo llevaban en lo profundo de sus corazones. Este deseo se basaba en una promesa que Dios había hecho muchas veces a lo largo de las Escrituras (lo que conocemos como Antiguo Testamento). Concretamente, Dios había prometido que vendría alguien que pondría el mundo en orden una vez más. Vendría alguien que arreglaría lo que se había roto y restauraría lo que se había perdido. En otras palabras, vendría un Salvador.

Para los descendientes de Abraham e Isaac, tanto judíos como samaritanos, esta promesa se resumía en una palabra: *Mesías*. O, dicha en griego, *Cristo*. (Ambos términos son intercambiables). Dios promete por primera vez el Mesías en Génesis 3, justo después de que el acto rebelde de Adán y Eva hubiera introducido el pecado en el mundo. Dirigiéndose a la serpiente, Dios le habló de un descendiente de Eva que acabaría derrotando a Satanás de una vez y para siempre: él «te aplastará la cabeza, pero tú le morderás el talón» (v. 15).

Dios reafirmó esta promesa a Abraham cuando le dijo: «Bendeciré a los que te bendigan y maldeciré a los que te maldigan; ¡por medio de ti serán bendecidas todas las familias de la tierra!» (12:3). Este Mesías no solo aplastaría a Satanás, sino que bendeciría a «todas las familias de la tierra». Su poder y bondad se propagarían más allá del pueblo judío y se extenderían por todo el mundo.

Moisés hablaba de esta promesa cuando afirmó: «El Señor tu Dios levantará de entre tus hermanos un profeta como yo. A él sí lo escucharás» (Deuteronomio 18:15). Cuando Dios le dijo a David: «Tu casa y tu reino durarán para siempre delante de mí; tu trono quedará establecido para siempre» (2 Samuel 7:16), dejó claro que el Mesías vendría por la línea de David. Y Daniel tuvo una visión del cumplimiento de esta promesa cuando describió a «alguien con aspecto humano [que] venía entre las nubes del cielo». Era alguien a quien «se le dio autoridad, poder y majestad» y cuyo «reino jamás será destruido» (Daniel 7:13-14).

Durante muchos siglos, el pueblo de Dios había esperado que esta promesa se cumpliera. Habían esperado que el Mesías entrara en el mundo y llevara a cabo su obra extraordinaria. ¿Te imaginas, pues, lo que significó para la mujer samaritana —aquella mujer común y corriente, desconocida y subestimada del pozo— estar sentada frente a Jesús y oírle decir: «Ese soy yo, el que habla contigo»?

A su favor hay que decir que ella supo de inmediato que era cierto, y creyó.

Pero ¿y tú? No dejes que nadie te diga que no eres suficientemente importante. No permitas que ningún enemigo te sisee sus mentiras acerca de ti: que si el color de tu piel, que si tu edad, que si tu barrio, que si tu lo que sea. Jesús es el Mesías y dice que eres importante. Él es el Cristo, y ha preparado un lugar en la mesa de tu mente como cumplimiento de la promesa más grande que jamás se haya hecho.

Considera lo siguiente

¿Qué promesas esperas que cumpla Dios?

¿De qué formas ha cumplido Jesús el papel de Mesías, el Salvador que resuelve todas las cosas? ¿De qué formas es este cumplimiento todavía futuro?

VERSÍCULO PARA MEMORIZAR

De hecho, en ningún otro hay salvación, porque
no hay bajo el cielo otro nombre dado a los
hombres mediante el cual podamos ser salvos.

HECHOS 4:12

Jesús nos salva del pecado

Luego añadió: —Lo que sale de la persona es lo que la contamina. Porque de adentro, del corazón humano, salen los malos pensamientos, la inmoralidad sexual, los robos, los homicidios, los adulterios, la avaricia, la maldad, el engaño, el libertinaje, la envidia, la calumnia, la arrogancia y la necedad. Todos estos males vienen de adentro y contaminan a la persona.

MARCOS 7:20-23

La salvación es uno de los grandes temas para la iglesia. Una importante palabra clave. Pero ¿y para nosotros personalmente? ¿Qué significa esta palabra para ti, para mí y para aquellos a quienes queremos ayudar?

Ya hemos pasado un par de días explorando que Jesús es el Mesías, el Cristo; es el Salvador del mundo enviado para rescatar a personas como tú y yo. Pero esto plantea una pregunta importante: ¿salvarnos de qué? ¿Rescatarnos de qué? ¿Cuál es el problema que Jesús vino a resolvernos?

La gran respuesta es el pecado.

Ya lo sé: no es una palabra muy popular. Se trata de un término religioso. Demasiado moralista. Demasiado incómodo. Pero la realidad es que nunca comprenderemos adecuadamente a Jesús hasta que afrontemos la realidad del pecado. Más concretamente, nunca tendremos una correcta comprensión de Jesús hasta que hagamos frente a *nuestro* pecado personal. El mío. El tuyo.

¿Qué es el pecado? Circulan muchas definiciones al respecto: errar el blanco de las normas de Dios; desobedecer la voluntad de Dios;

rebelarnos contra él. Todas estas definiciones son correctas y, en la práctica, todas ellas se reducen más o menos a lo mismo. Como escribió Santiago: «Así que comete pecado todo el que sabe hacer el bien y no lo hace» (4:17).

El problema es que el pecado no existe en un espacio abstracto e intangible. No está flotando en la atmósfera como si fuera un virus maligno que pretende engancharnos y empujarnos en la dirección errónea. Como dijo Jesús, nuestro pecado está «adentro, en el corazón humano». Esta es la razón por la que luchamos constantemente con la inmoralidad, la avaricia, la ira, el engaño, la envidia, la malicia y tantas otras cosas. Las cosas malas que hacemos no surgen de decisiones erróneas que tomamos en nuestra mente, sino de *lo que somos en lo más profundo de nuestro ser*. Estamos corrompidos desde el interior.

Y lo que es aún peor, no es que el pecado nos haga malos, sino que nos convierte en muertos espirituales (Romanos 6:23). Una persona mala puede esforzarse para cambiar, pero una persona muerta no puede hacer nada por mejorar su situación.

Y esta es la razón por la que tenemos que ser rescatados. No estamos en mejores condiciones de resolver el problema de nuestra pecaminosidad de lo que está un hombre que sufre una grave enfermedad cardíaca de sanarse a sí mismo desgarrándose el corazón. Necesitamos el equivalente espiritual de un trasplante de corazón. Necesitamos ser transformados desde el interior.

En otras palabras, necesitamos salvación. Necesitamos la obra sanadora de Jesús, el Cristo, nuestro Salvador.

Esta es la razón por la que al evangelio se le llama con frecuencia buenas nuevas: no solo lo necesitamos, sino que ya lo tenemos. Yo lo tengo. Lo siento. No soy el mismo de antes. He sido cambiado desde el interior y sigo siéndolo cada día. Soy salvo de mi pecado.

Si has experimentado la salvación, entonces tienes también esta sanación, esta transformación. No eres ya la misma persona de antes. Ahora eres una nueva criatura. Y si nunca has experimentado esto, si nunca lo has sentido, puedes hacerlo. Ahora mismo, en este preciso momento. Solo necesitas conocer a tu Salvador.

Considera lo siguiente

¿Dónde ves las señales del pecado en el mundo de hoy?

¿Dónde ves estas señales en tu propia vida y cómo te está Jesús rescatando de su dominio?

VERSÍCULO PARA MEMORIZAR

De hecho, en ningún otro hay salvación, porque no hay bajo el cielo otro nombre dado a los hombres mediante el cual podamos ser salvos.

HECHOS 4:12

DÍA 16

Jesús nos salva del mal

Pero, al oírlo los fariseos, dijeron: «Este no expulsa a los demonios sino por medio de Beelzebú, príncipe de los demonios».

Jesús conocía sus pensamientos, y les dijo: «Todo reino dividido contra sí mismo quedará asolado, y toda ciudad o familia dividida contra sí misma no se mantendrá en pie. Y, si Satanás expulsa a Satanás, está dividido contra sí mismo. ¿Cómo puede, entonces, mantenerse en pie su reino? [...] En cambio, si expulso a los demonios por medio del Espíritu de Dios, eso significa que el reino de Dios ha llegado a ustedes.
MATEO 12:24-26, 28

La Declaración de Independencia de Estados Unidos de América fue firmada en 1776, lo cual significa que, en este momento, nuestro país tiene 245 años de existencia como nación. Tenemos 245 años de historia como país. ¿Sabes cuántos de esos 245 años hemos estado en guerra? La respuesta es 228. ¿Te sorprende? ¡A mí sí!

Esto incluye las grandes guerras, como la Revolución americana, la guerra civil, la Primera y la Segunda Guerra Mundial, las guerras de Vietnam, Irak, Afganistán, etcétera. Pero incluye también los conflictos con los nativos americanos, con México, las rebeliones, la Guerra Fría con Rusia y más. En toda la historia de nuestra nación, solo hemos tenido 17 años de paz.[1]

Puede que lo que voy a decirte ahora te sorprenda todavía más: si eres miembro del reino de Dios, has estado en guerra toda tu vida. De

51

hecho, lo estás en este preciso instante. No hablo, por supuesto, de una guerra física con bombas y armas de fuego, pero sí de un verdadero conflicto, una verdadera batalla.

Concretamente, estás envuelto en un conflicto espiritual contra el mal.

En Mateo 12, Jesús tiene que recordarles a los fariseos y a otros líderes religiosos la realidad de esta guerra, de este conflicto. Aunque los fariseos no podían negar que Jesús echaba fuera demonios y mostraba autoridad sobre las fuerzas del mal, salieron con una excusa. ¡Dijeron que la única razón por la que Jesús podía luchar contra el mal era porque él mismo era un hombre perverso!

Como es obvio, todo el mundo entendió que aquello era absurdo. Aun así, la situación dio la oportunidad a Jesús de recordarles a todos cuáles eran los riesgos en la batalla contra el mal. Según Jesús, existen dos reinos en nuestro mundo y en cualquier otro: el reino de Dios y el reino de Satanás (a quien los fariseos llamaban Beelzebú). Estos reinos han estado en guerra desde que Satanás se rebeló contra Dios y fue expulsado del cielo.

La mala noticia para nosotros es que el mal existe de verdad. Las fuerzas de maldad, entre ellas los demonios, existen de verdad. Pablo lo dejó claro en Efesios: «Porque nuestra lucha no es contra seres humanos, sino contra poderes, contra autoridades, contra potestades que dominan este mundo de tinieblas, contra fuerzas espirituales malignas en las regiones celestiales» (6:12). Estas fuerzas de maldad impactan nuestro mundo. Están activas atacando a los miembros del reino de Dios, y sus ataques pueden producir tentaciones, sufrimientos, aflicciones y dolor.

La buena nueva es, sin embargo, que el reino de Satanás ya ha sido derrotado. Cristo nuestro Salvador obtuvo la victoria contra el mal cuando murió en la cruz para pagar la pena del pecado y después se levantó del sepulcro en gloria. Pero esto significa que estás en medio de este conflicto espiritual —y lo estarás siempre a este lado de la eternidad— aunque la guerra ya esté ganada.

Considera lo siguiente

¿Qué te han enseñado sobre los demonios y otras fuerzas de maldad?

¿De qué formas activas y prácticas podemos participar en el conflicto espiritual que nos rodea?

VERSÍCULO PARA MEMORIZAR

De hecho, en ningún otro hay salvación, porque no hay bajo el cielo otro nombre dado a los hombres mediante el cual podamos ser salvos.

HECHOS 4:12

DÍA 17

Jesús nos salva de la muerte

Porque tanto amó Dios al mundo que dio a su Hijo unigénito, para que todo el que cree en él no se pierda, sino que tenga vida eterna. Dios no envió a su Hijo al mundo para condenar al mundo, sino para salvarlo por medio de él.
JUAN 3:16-17

En el siglo diecisiete, el poeta John Donne escribió un desafío a la muerte, un grito de guerra. El poema comienza así:

> Muerte, no te enorgullezcas, aunque algunos te
> hayan llamado
> poderosa y terrible, no lo eres;
> porque aquellos a quienes crees poder derribar
> no mueren, pobre Muerte; y tampoco puedes
> matarme a mí.[1]

Me encanta la imagen de un hombre puesto en pie ante la muerte, con los brazos levantados y el mentón en alto. «¿Te crees poderosa, Muerte? ¿Piensas que eres terrible? ¡Pues aquí estoy! ¡Cuando quieras!».

La ironía es que el poema de Donne se publicó en 1633, dos años después de su muerte en 1631. Su desafío a la muerte se publicó con carácter póstumo. ¿Significa esto que John Donne fue un necio? ¿Un impostor? ¿Un ingenuo don nadie? ¡No! Solo significa que entendió su

54

lugar en el reino de Dios. Donne se había sentado a la mesa con Jesús durante mucho tiempo, y estaba preparado para el paso siguiente.

Hemos visto en nuestras últimas reflexiones que Jesucristo es el Salvador del mundo. Nos salva del pecado. Nos salva de las fuerzas del mal y de sus esfuerzos por destruirnos. Y, por último, nos salva de la muerte. No de la muerte física, naturalmente, no de la muerte del caparazón externo que llamamos nuestro cuerpo. De lo que Jesús nos salva es de lo que muchos eruditos llaman muerte espiritual: muerte eterna.

Esta es la promesa de Juan 3:16, que para algunos es el versículo más famoso de la Biblia: «para que todo el que cree en él no se pierda, sino que tenga vida eterna». Puesto que Jesús resucitó de entre los muertos, derrotando a la muerte y salvándonos de las consecuencias de nuestro pecado, tú y yo podemos experimentar vida eterna. Podemos vivir para siempre en el reino de Dios y disfrutar una relación eterna con él en lugar de separarnos de él.

Hay, sin embargo, una idea muy extendida sobre la vida eterna que merece la pena corregir. Muchas personas (entre ellas muchos cristianos) piensan que la vida eterna comienza cuando muere nuestro cuerpo físico. Esto no es así.

Observa lo que Jesús dijo más adelante, en este mismo capítulo: «El que cree en el Hijo tiene vida eterna» (v. 36). Fíjate en el tiempo verbal: el texto dice «tiene», no «tendrá». Más adelante, dirigiéndose en oración al Padre, Jesús dijo: «Y esta es la vida eterna: que te conozcan a ti, el único Dios verdadero, y a Jesucristo, a quien tú has enviado» (17:3). La vida eterna comienza en el momento en que naces de nuevo a una relación con Jesús.

En esencia, si conoces a Jesús, si has experimentado su salvación y estás viviendo como discípulo suyo, la vida eterna ya ha comenzado para ti. Es aquí y ahora. Y será incluso mejor cuando dejes tu cuerpo, entres en el cielo y veas a tu Salvador cara a cara.

Considera lo siguiente

¿Cómo influencia tu vida la realidad de la muerte?

¿Cómo debería afectarnos hoy la comprensión de que la vida eterna la estamos experimentando en este momento?

VERSÍCULO PARA MEMORIZAR

De hecho, en ningún otro hay salvación, porque no hay bajo el cielo otro nombre dado a los hombres mediante el cual podamos ser salvos.

HECHOS 4:12

DÍA 18

Jesús es tu Salvador

Así que recomiendo, ante todo, que se hagan plegarias, oraciones, súplicas y acciones de gracias por todos, especialmente por los gobernantes y por todas las autoridades, para que tengamos paz y tranquilidad, y llevemos una vida piadosa y digna. Esto es bueno y agradable a Dios nuestro Salvador, pues él quiere que todos sean salvos y lleguen a conocer la verdad.
1 TIMOTEO 2:1-4

Soy el primero en reconocer que en el ámbito de la iglesia circulan muchos clichés. «Siempre que Dios cierra una puerta, abre una ventana». «Dios nunca te dará más dificultades de las que puedas soportar». «Ya sabes que él obra de formas misteriosas». No sé si alguna vez he oído alguna de estas expresiones en una situación en que fuera realmente útil.

Esta es otra que he escuchado varias veces: «Aunque tú fueras la única persona del planeta, Jesús habría muerto de todos modos en la cruz para salvarte de tus pecados». Si eres como yo, esta idea te parecerá poco práctica. Un tanto extraña. Demasiado hipotética.

Y, sin embargo, es también cien por cien verdadera.

Como escribió Pablo a Timoteo, su hijo espiritual: «Dios nuestro Salvador [es decir, Jesús] quiere que todos sean salvos y lleguen a conocer la verdad». Jesús desea activamente que todas las personas sean salvas. Esto incluye a cualquier persona que haya existido, que viva ahora y que vaya a vivir en cualquier momento del futuro.

Sí, la Escritura describe a Jesús como el Salvador del mundo, pero Jesús no emprendió su divina misión de rescate para salvar a la humanidad en general, sino a seres humanos individuales. Vino a salvar a individuos con nombres, personalidades y huellas dactilares específicas. Personas como tú y yo.

Recuerda que Jesús es el creador de todas las cosas y todas las personas. Jesús conoce los rasgos característicos de tu secuencia de ADN. Él te hizo desde el momento de la concepción hasta este mismo instante. Como proclamaba el salmista dirigiéndose a Dios: «Tú creaste mis entrañas; me formaste en el vientre de mi madre. ¡Te alabo porque soy una creación admirable! ¡Tus obras son maravillosas!» (Salmos 139:13-14).

Y no solo eso, sino que la Escritura dice que Dios «nos escogió en él antes de la creación del mundo, para que seamos santos y sin mancha delante de él. En amor nos predestinó para ser adoptados como hijos suyos por medio de Jesucristo, según el buen propósito de su voluntad» (Efesios 1:4-5). Esto significa que antes de que Jesús creara un solo átomo de nuestro universo, tú estabas ya en su mente.

Y lo mejor de todo es que sigues estando en su mente. Lo estás ahora mismo, en este preciso instante. Ahora mismo, en este momento, tienes, pues, la oportunidad de sentarte a la mesa con *tu* Salvador. No dejes pasar la ocasión de sentarte con él y permitir que fortalezca tu mente, te reafirme, te bendiga y siga desarrollando su buena obra en tu vida.

Considera lo siguiente

¿Qué emociones has experimentado mientras leías esta reflexión?

¿Cómo puedes aprovechar la verdad de que Jesús te conoce y se preocupa personalmente por ti?

VERSÍCULO PARA MEMORIZAR

De hecho, en ningún otro hay salvación, porque no hay bajo el cielo otro nombre dado a los hombres mediante el cual podamos ser salvos.

HECHOS 4:12

Jesús es nuestro Maestro

DÍA 19

Jesús es rabino

Jesús se volvió y, al ver que lo seguían, les preguntó:
—¿Qué buscan?
—Rabí, ¿dónde te hospedas? (Rabí significa: Maestro).
—Vengan a ver —les contestó Jesús.
JUAN 1:38-39

Si te preguntara cuál era la ocupación de Jesús, posiblemente me dirías que era carpintero. Y en gran parte tendrías razón. José era carpintero, y la Escritura parece indicar claramente que tomó a Jesús como aprendiz en este oficio. Cuando Jesús regresó a su ciudad natal al comienzo de su ministerio público, la gente se preguntaba: «¿No es acaso el carpintero, el hijo de María y hermano de Jacobo, de José, de Judas y de Simón? ¿No están sus hermanas aquí con nosotros?» (Marcos 6:3).

De manera que sí, Jesús era carpintero. Sin embargo, más adelante cambió de rumbo y se convirtió en maestro. Más concretamente, en rabino.

La cultura judía del mundo antiguo concedía un elevado valor a la educación, aunque este privilegio estaba generalmente limitado a los hijos varones. Cuando un muchacho se acercaba a los trece años abandonaba normalmente la escuela y entraba en la vida real haciéndose aprendiz de algún oficio: granjero, pescador, herrero, fabricante de tiendas, carpintero, etcétera.

No obstante, esto no era lo que sucedía en el caso de los mejores estudiantes, que seguían desarrollando su educación. Después de varios años de estudio, los mejores estudiantes tenían la esperanza de ser escogidos por un rabino reconocido para convertirse en uno de sus discípulos. Y después de otros varios años de servicio y aprendizaje con aquel rabino, los mejores discípulos se convertirían en rabinos. Eso sucedía normalmente alrededor de los treinta años de edad.

¿Qué dice la Escritura? «Jesús tenía unos treinta años cuando comenzó su ministerio» (Lucas 3:23), y esto está exactamente en línea con los criterios para ser rabino. Jesús abandonó Nazaret y comenzó a viajar por toda Galilea y otras regiones enseñando sobre el reino de Dios, una práctica común de los rabinos de su tiempo. Y mientras viajaba, Jesús reunió también un grupo de discípulos que lo acompañaban, aprendían de él, lo ayudaban en su ministerio y se comprometían a vivir junto a él.

En pocas palabras, Jesús vivía y actuaba deliberadamente como un rabino, un maestro.

Sin embargo, curiosamente, Jesús no escogió a sus discípulos de entre la flor y nata del mundo académico. Algunos de ellos eran pescadores; otro, recaudador de impuestos; incluso escogió para su grupo a un zelote. Jesús eligió personas normales para enseñarles, dirigirlas y acompañarlas; personas como tú y como yo.

Y esta es la maravillosa oportunidad que hoy seguimos teniendo tú y yo. Podemos seguir al rabino Jesús. Podemos aprender de nuestro Maestro. Podemos vivir como discípulos suyos, acompañándolo en el ministerio, ayudándolo a promover su reino y comprometiéndonos a vivir como vive él.

En los próximos días vamos a explorar algunos pasajes de dos de los sermones más famosos de Jesús, conocidos por muchos como el Sermón del monte y el discurso del Monte de los Olivos. ¿Qué mejor forma de fortalecer nuestra mente?

Considera lo siguiente

Menciona algunos maestros que hayan influido de forma positiva en tu vida.

¿De qué forma ayuda el papel de Jesús como rabino a cumplir su misión de salvar a la humanidad de nuestros pecados?

VERSÍCULO PARA MEMORIZAR

El discípulo no está por encima de su maestro,
pero todo el que haya completado su aprendizaje,
a lo sumo llega al nivel de su maestro.

LUCAS 6:40

Jesús nos enseñó requisitos superiores

Si ustedes aman solamente a quienes los aman, ¿qué recompensa recibirán? ¿Acaso no hacen eso hasta los recaudadores de impuestos? Y, si saludan a sus hermanos solamente, ¿qué de más hacen ustedes? ¿Acaso no hacen esto hasta los gentiles? Por tanto, sean perfectos, así como su Padre celestial es perfecto.

MATEO 5:46-48

Se ha hablado mucho durante los últimos años sobre los premios por participación, la práctica de dar medallas o diplomas a los niños no por haber ganado algo —en un evento deportivo o un certamen académico— sino por el hecho de haber participado en la actividad.

No estoy cualificado para dar una opinión sobre si es bueno o malo dar esa clase de trofeos a los niños. Pero sí tengo la convicción de que muchísimas personas se autoadjudican premios de participación en su vida espiritual. Hay demasiados cristianos que se dan palmaditas en la espalda por llevar una sudadera con el nombre de Jesús mientras se mantienen al margen de su misión; demasiados cristianos que se conforman con lo suficientemente bueno en vez de luchar por la excelencia.

En el Sermón del monte, Jesús se dirigió a este tipo de cristianos. De hecho, tenía mucho que decirles, y para ello utilizó la misma expresión una y otra vez. A ver si captas el patrón en lo que enseñó:

- «Ustedes han oído que se dijo a sus antepasados: "No mates, y todo el que mate quedará sujeto al juicio del tribunal". Pero yo les digo que todo el que se enoje con su hermano quedará sujeto al juicio del tribunal. Es más, cualquiera que insulte a su hermano quedará sujeto al juicio del Consejo. Y cualquiera que lo maldiga quedará sujeto al fuego del infierno» (Mateo 5:21-22).

- «Ustedes han oído que se dijo: "No cometas adulterio". Pero yo les digo que cualquiera que mira a una mujer y la codicia ya ha cometido adulterio con ella en el corazón» (vv. 27-28).

- «Se ha dicho: "El que repudia a su esposa debe darle un certificado de divorcio". Pero yo les digo que, excepto en caso de inmoralidad sexual, todo el que se divorcia de su esposa la induce a cometer adulterio, y el que se casa con la divorciada comete adulterio también» (vv. 31-32).

- «Ustedes han oído que se dijo: "Ojo por ojo y diente por diente". Pero yo les digo: No resistan al que les haga mal. Si alguien te da una bofetada en la mejilla derecha, vuélvele también la otra» (vv. 38-39).

¿Ves el patrón? «Ustedes han oído… Pero yo les digo…». Una de las cosas que Jesús quería hacer aquí era recordarnos a quién merece la pena escuchar y a quién no. Lo que dice Jesús será siempre mucho mejor y mucho más útil que lo que el mundo nos grita.

Pero eso no es lo único que Jesús quería enseñarnos. Él quería también elevar los requisitos de nuestra vida espiritual.

Como cristianos, todos hemos oído lo que cuesta hacer lo mínimo. Todos entendemos lo que hace falta para arreglárnoslas a nivel espiritual, para estar más o menos bien, para encontrar estabilidad. *No hagas las cosas realmente malas. Haz aquello que se espera que hagas y di todo aquello que tienes que decir. No te metas en problemas.*

Jesús, sin embargo, nos enseñó a mirar más arriba, a esforzarnos por alcanzar la excelencia espiritual. En sus palabras, a «ser perfectos [...] como vuestro Padre celestial es perfecto». La meta es ser como Jesús. Esto es lo que enseñó en su sermón más famoso y es lo que te enseñará cuando te sientes con él a la mesa.

Considera lo siguiente

Menciona algunas de las cosas que se espera que hagan todos los cristianos. Menciona algunas de las que se espera que eviten.

¿Quién es un ejemplo de excelencia espiritual que te gustaría seguir?

VERSÍCULO PARA MEMORIZAR

El discípulo no está por encima de su maestro,
pero todo el que haya completado su aprendizaje,
a lo sumo llega al nivel de su maestro.

LUCAS 6:40

DÍA 21

Jesús nos enseñó a orar

Pero tú, cuando te pongas a orar, entra en tu cuarto, cierra la puerta y ora a tu Padre, que está en lo secreto. Así tu Padre, que ve lo que se hace en secreto, te recompensará.

MATEO 6:6

El récord Guinness de la conversación más larga (por teléfono o videoconferencia) es de cincuenta y cuatro horas y cuatro minutos. El récord lo comparten cuatro personas, todas ellas residentes en Letonia: Kristaps Štāls, Patriks Zvaigzne, Leonids Romanovs y Tatjana Fjodorova. Los dos pares de interlocutores consiguieron el récord en el año 2012 y lo hicieron en un centro comercial como parte de un evento patrocinado.[1]

¡Esto sí que es una conversación!

Y hablando de conversaciones, esto es lo que se supone que es la oración: una conversación entre nosotros y Dios. Naturalmente, no me refiero a *nosotros* en un sentido general o colectivo, sino a *nosotros* como tú y yo, como personas individuales. Esta es una de las verdades que Jesús comunicó en su Sermón del monte.

Cuando lees todo el capítulo 6 de Mateo, encuentras varios ejemplos con los que Jesús enseña a sus oyentes que nuestra vida espiritual jamás debe entenderse como una representación externa. «Cuídense de no hacer sus obras de justicia delante de la gente para llamar la atención —dijo Jesús—. Si actúan así, su Padre que está en el cielo no les dará ninguna recompensa» (v. 1).

En concreto, Jesús enseñó a sus seguidores a no hacer ostentación pública de sus ofrendas. «Por eso, cuando des a los necesitados, no lo anuncies al son de trompeta, como lo hacen los hipócritas en las sinagogas y en las calles para que la gente les rinda homenaje» (v. 2). En el templo de Jerusalén había un gran bidón para las ofrendas cerca de la entrada donde se recaudaba dinero para distintos propósitos. Las personas se acercaban a aquel bidón y hacían sus aportaciones. Naturalmente, puesto que en aquel entonces todo el dinero eran monedas metálicas, las ofrendas podían ser bastante sonoras. A algunas personas les encantaba soltar un montón de monedas de la forma más ruidosa y ostentosa posible para que los demás los vieran y oyeran.

Más adelante en el mismo capítulo, Jesús dijo: «Cuando ayunen, no pongan cara triste como hacen los hipócritas, que demudan sus rostros para mostrar que están ayunando. Les aseguro que estos ya han obtenido toda su recompensa» (v. 16). Se trata del mismo principio. A muchas personas del tiempo de Jesús les encantaba convertir su ayuno en un espectáculo: *¡Fíjate en lo hambriento que estoy! ¿Te das cuenta de lo espiritual que soy?*

Jesús aplicó el mismo principio a la oración: «Cuando oren, no sean como los hipócritas, porque a ellos les encanta orar de pie en las sinagogas y en las esquinas de las plazas para que la gente los vea» (v. 5). Él instruyó a sus seguidores a ser distintos: «Pero tú, cuando te pongas a orar, entra en tu cuarto, cierra la puerta y ora a tu Padre, que está en lo secreto. Así tu Padre, que ve lo que se hace en secreto, te recompensará».

Jesús quería que sus seguidores entendieran que la oración no es una exhibición. No es algo que hacemos para que los demás nos vean como personas impresionantes, inspiradoras o piadosas; de hecho, la oración no es para hacernos ver. Orar es mantener una conversación privada con nuestro Padre celestial, que nos ama. Una conversación que no debe durar solo cincuenta y cuatro horas y cuatro minutos, sino toda nuestra vida.

Considera lo siguiente

¿Quién te enseñó a orar?

¿Cuáles son tus principales luchas con la oración?

VERSÍCULO PARA MEMORIZAR

El discípulo no está por encima de su maestro,
pero todo el que haya completado su aprendizaje,
a lo sumo llega al nivel de su maestro.

LUCAS 6:40

DÍA 22

Jesús enseñó sobre los falsos maestros

Cuídense de los falsos profetas. Vienen a ustedes disfrazados de ovejas, pero por dentro son lobos feroces.
MATEO 7:15

Puesto que viajo a menudo, tengo una relación bastante estrecha con la aplicación GPS de mi teléfono. Me ayuda a llegar donde tengo que ir, aunque no sepa adónde voy. No sé lo que haría sin ella.

Aun así, las aplicaciones GPS no son perfectas, como descubrió un conductor en las afueras de Silverton, Colorado. El usuario conducía un camión de casi diez metros y seguía las indicaciones de la aplicación a su destino, que estaba todavía algo lejos. Sin embargo, la aplicación le llevaba por una zona que los lugareños llaman el Paso de los Ingenieros, una pedregosa pista de montaña a una altura de casi cuatro mil metros sobre el nivel del mar. Para tener éxito en la travesía de ese paso se requiere normalmente un vehículo con tracción en las cuatro ruedas ¡y mucha suerte! Como era de esperar, el camión se quedó atascado y bloqueó el tráfico en aquella carretera durante varios días.[1]

A nadie le gusta que le lleven por el mal camino. Cuando se trata de las instrucciones de nuestro GPS, en el peor de los casos experimentamos algunos inconvenientes menores. Sin embargo, cuando se nos guía mal en nuestra vida espiritual, las consecuencias pueden ser mucho más devastadoras.

71

Casi al final del Sermón del monte, Jesús dirigió su atención a la realidad de los falsos maestros, a quienes llamó falsos profetas. Los describió como «lobos feroces», una frase que pone de relieve sus propósitos. Los falsos maestros no son individuos agradables que están un poco confundidos. No son líderes comprometidos que solo necesitan un poco más de instrucción.

No, los falsos maestros son depredadores. Su propósito es destruir al pueblo y la obra de Dios en el mundo.

Por dicha, Jesús también nos enseñó a reconocer a los falsos maestros. «Por sus frutos los conocerán. ¿Acaso se recogen uvas de los espinos, o higos de los cardos? Del mismo modo, todo árbol bueno da fruto bueno, pero el árbol malo da fruto malo» (Mateo 7:16-17). Para Jesús, la mejor forma de evitar a los falsos maestros es fijarse no en lo que dicen sino en lo que hacen, en el fruto que producen mediante su vida y enseñanza.

El apóstol Pablo nos ayuda a profundizar en esta idea del fruto: «En cambio, el fruto del Espíritu es amor, alegría, paz, paciencia, amabilidad, bondad, fidelidad, humildad y dominio propio. No hay ley que condene estas cosas» (Gálatas 5:22-23). Estos son excelentes criterios para evaluar a los líderes espirituales de tu comunidad y tu propia vida espiritual. ¿Muestra amor la persona en cuestión? ¿Paz? ¿Expresa bondad y fidelidad? ¿Tiene dominio propio? ¿Ayuda esta persona a la producción de estos frutos en la vida de los demás, incluyendo la tuya?

Como es natural, el principal criterio para confirmar a un maestro espiritual es analizar lo que dice sobre Jesús. «¿Quién es el mentiroso —dice el apóstol Juan— sino el que niega que Jesús es el Cristo? Es el anticristo, el que niega al Padre y al Hijo. Todo el que niega al Hijo no tiene al Padre; el que reconoce al Hijo tiene también al Padre» (1 Juan 2:22-23).

Considera lo siguiente

¿Qué peligros plantean los falsos maestros dentro de la iglesia?

¿De qué maneras prácticas puedes evaluar a los líderes espirituales y su influencia sobre tu vida?

VERSÍCULO PARA MEMORIZAR

El discípulo no está por encima de su maestro,
pero todo el que haya completado su aprendizaje,
a lo sumo llega al nivel de su maestro.

LUCAS 6:40

DÍA 23

Jesús enseñó sobre el futuro

Habrá tanta maldad que el amor de muchos se enfriará, pero el que se mantenga firme hasta el fin será salvo. Y este evangelio del reino se predicará en todo el mundo como testimonio a todas las naciones, y entonces vendrá el fin.
MATEO 24:12-14

Esto se ha convertido en un fenómeno muy frecuente en las últimas décadas. Estoy seguro de que has leído varias veces sobre ello en las noticias. Un grupo de personas se reúne alrededor de un líder que afirma tener información privilegiada sobre el fin del mundo. Venden sus posesiones, liquidan sus retiros y se reúnen en algún lugar para esperar el fin en una fecha determinada.

Y no sucede nada. Llega el día «profetizado» y transcurre sin pena ni gloria.

Siento una profunda tristeza cuando oigo este tipo de historias, porque cualquiera que se preocupe por investigarlo tiene acceso a la verdad sobre el fin del mundo. Específicamente, pueden encontrarla en el sermón de Jesús registrado en Mateo 24 y 25.

En este mensaje Jesús enseñó tres verdades clave sobre el futuro. En primer lugar, afirmó con claridad que habrá un final. «Y este evangelio del reino se predicará en todo el mundo como testimonio a todas las naciones —proclamó Jesús—, y entonces vendrá el fin». Este desfile que conocemos como historia humana se dirige hacia un último destino, una última confrontación. Nos estamos apresurando no solo hacia un *cuándo*, sino hacia un *qué*. El fin.

En segundo lugar, Jesús expresó con claridad que tanto la fecha como el momento concreto y las circunstancias de este final son y seguirán siendo un misterio. «Pero, en cuanto al día y la hora, nadie lo sabe, ni siquiera los ángeles en el cielo, ni el Hijo, sino solo el Padre» (Mateo 24:36). Jesús comparó esos últimos momentos con el diluvio de Noé. La gente estaba comiendo y bebiendo, casándose y concertando matrimonios, sin tener idea de lo que se les venía encima. Lo mismo sucederá al final de la historia.

En ocasiones la Escritura conlleva cierto misterio, pero este no es uno de estos casos. Las declaraciones de Jesús son claras y directas. Nadie sabe ni sabrá cuándo vendrá el fin.

En tercer lugar, Jesús subrayó muchas veces que la realidad del final de nuestro mundo significa que hemos de mantenernos enfocados. Atentos. En guardia. «Por lo tanto, manténganse despiertos, porque no saben qué día vendrá su Señor» (v. 42). Jesús ilustró incluso esta verdad con una historia en Mateo 25. Habló de diez vírgenes que esperaban la llegada de una festiva comitiva nupcial durante la noche. Las diez jóvenes llevaban lámparas para iluminar el paso de la comitiva nupcial, pero solo cinco llevaron aceite. La comitiva festiva se retrasó y a las cinco imprudentes se les agotó el aceite, por lo que se vieron forzadas a abandonar el lugar para ir a buscar más. Durante su ausencia, la comitiva nupcial pasó por aquel lugar y llegó a la casa del novio. Las cinco vírgenes sabias se unieron al grupo y entraron a la fiesta, pero las otras cinco se quedaron fuera.

Lo que enseña la historia de Jesús es brutalmente simple: no te quedes fuera. No te distraigas con el mundo y pases por alto lo que es más importante. Mantente enfocado en Jesús y haz su voluntad de forma activa y fiel hasta el día en que venga.

Considera lo siguiente

¿Qué has oído o te han enseñado sobre el fin del mundo?

¿Dónde corres peligro de desconcentrarte o distraerte con cosas que no tienen trascendencia eterna?

VERSÍCULO PARA MEMORIZAR

El discípulo no está por encima de su maestro,
pero todo el que haya completado su aprendizaje,
a lo sumo llega al nivel de su maestro.

LUCAS 6:40

Jesús nos enseñó a ser administradores fieles

Entonces dirá el Rey a los que estén a su derecha:
«Vengan ustedes, a quienes mi Padre ha bendecido;
reciban su herencia, el reino preparado para ustedes desde
la creación del mundo. Porque tuve hambre, y ustedes
me dieron de comer; tuve sed, y me dieron de beber; fui
forastero, y me dieron alojamiento; necesité ropa, y me
vistieron; estuve enfermo, y me atendieron; estuve en la
cárcel, y me visitaron».
MATEO 25:34-36

Una de las cosas que más me gusta de la enseñanza de Jesús es la forma en que usó las parábolas: relatos cortos que se concentran en una sola lección. Las parábolas son una forma fantástica de ilustrar verdades específicas, Jesús las utilizó brillantemente durante su ministerio como maestro.

Hay dos parábolas al final de su sermón en Mateo 25 que se relacionan de una forma fascinante. La primera es la parábola de los talentos, que trata de un hombre rico que, antes de partir para un largo viaje, dio a tres de sus siervos distintas cantidades de oro. Su intención era que estos siervos invirtieran el oro durante su ausencia para poder disfrutar de los beneficios a su regreso. El primer siervo recibió cinco bolsas de oro y sus inversiones produjeron otras cinco. El segundo recibió dos bolsas y ganó otras dos. Al tercero se le confió una bolsa de oro, pero no la invirtió, temiendo que su señor se enfadaría si fracasaba. De manera que enterró la bolsa y la devolvió intacta.

Como cabía esperar, el señor estuvo contento con el trabajo de los dos primeros siervos y les recompensó con generosidad. Pero se indignó con el tercero, llamándole «siervo malo y perezoso» (v. 26) y ordenando que lo arrojaran «afuera, a la oscuridad, donde habrá llanto y rechinar de dientes» (v. 30).

La enseñanza de esta parábola está clara: Dios nos ha confiado una relativa cantidad de recursos. La mayoría de quienes vivimos en el mundo occidental, aunque no se nos considere ricos, disponemos de bastantes recursos: tiempo, dinero, talentos, etcétera. Dios espera que seamos administradores fieles de estos recursos. Espera que los invirtamos de modo que produzcan beneficios en su reino.

Pero ¿cómo se hace esto? ¿Qué significa en la práctica invertir nuestros recursos de manera que produzcan cambios? Es aquí donde entra en juego la segunda parábola.

Jesús habla de un momento futuro en el que regresará como Rey y separará el mundo en dos grupos «como separa el pastor las ovejas de las cabras» (v. 32). Felicitará a uno de los grupos por el servicio que le han brindado dando comida a los hambrientos, bebida a los sedientos, mostrando bondad a los extranjeros, vistiendo a los desnudos, curando a los enfermos y visitando a los encarcelados. Las palabras del Rey son: «Les aseguro que todo lo que hicieron por uno de mis hermanos, aun por el más pequeño, lo hicieron por mí» (v. 40).

De manera que cuando te sientes a la mesa con Jesús, recuerda que cada día tiene trabajo para ti. Recuerda que eres administrador de sus recursos. Él te ha llamado para que sirvas «al más pequeño» como si estuvieras sirviéndole a él y te ha enseñado a hacerlo.

Considera lo siguiente

¿Cuáles son algunos de los recursos que Dios les ha confiado a tu familia y a ti?

¿Dónde tienes oportunidades de utilizarlos de un modo que contribuya a transformar tu comunidad?

VERSÍCULO PARA MEMORIZAR

El discípulo no está por encima de su maestro,
pero todo el que haya completado su aprendizaje,
a lo sumo llega al nivel de su maestro.

LUCAS 6:40

Jesús es nuestro gran Yo Soy

Jesús es Yo Soy

Dijo entonces Tomás: —Señor, no sabemos a dónde vas, así que ¿cómo podemos conocer el camino?
—Yo soy el camino, la verdad y la vida —le contestó Jesús—. Nadie llega al Padre sino por mí.
JUAN 14:5-6

Es uno de los momentos más importantes de toda la Biblia. Cuando Moisés se volvió para ver mejor algo milagroso que estaba sucediendo —una zarza que ardía pero no se consumía— se vio involucrado en una transformadora conversación con el Creador del universo. Durante esta conversación, Moisés quiso conocer el nombre de Dios. Quería saber quién era el que le estaba mandando de vuelta a la peligrosa tierra de Egipto y Faraón.

La respuesta de Dios fue tan simple como profunda:

—Yo soy el que soy —respondió Dios a Moisés—. Y esto es lo que tienes que decirles a los israelitas: «Yo Soy me ha enviado a ustedes» (Éxodo 3:14).

Siéntate un momento y dale vueltas a esto. Moisés le preguntó su nombre a Dios y él le dijo: «Yo soy el que soy».

Si alguna vez te preguntas sobre la naturaleza de Dios, «Yo soy el que soy» es un resumen maravilloso. Dios existe en un presente eterno. Él es y será siempre como es. Él es la roca de la existencia, de la realidad, y aquel que define cualquier otra cosa o idea.

Cuando comprendas esto, recuerda que Jesús es Dios. Jesús existe como este mismo ser: él es «Yo soy el que soy». Es, pues, apropiado que Jesús use la expresión «YO SOY» para referirse a sí mismo en varias ocasiones durante su ministerio en la tierra. Vamos a explorar estos momentos durante los próximos días, pero creo que es apropiado comenzar con la descripción más completa que Jesús hace de sí mismo: «Yo soy el camino, la verdad y la vida».

Jesús había estado describiéndoles el cielo a sus discípulos. Les acababa de hablar de la casa de su Padre y de que iba allí a preparar un lugar para aquellos que le siguen. No queriendo quedarse fuera, Tomás dijo: «Señor, no sabemos a dónde vas, así que ¿cómo podemos conocer el camino?».

Jesús respondió: «Yo soy el camino». Y aquí es donde algunas personas se sienten un poco incómodas, porque Jesús no dijo «yo soy *un* camino» ni «yo soy *el mejor* camino». Jesús habló de manera categórica y definitiva. Él es *el* camino al Padre. *El* camino a la salvación. *El* camino a la vida eterna. Afortunadamente, no hace falta que le expliquemos por qué a un mundo escéptico. Simplemente hemos de apuntar a Cristo como la autoridad que seguimos.

Jesús es el camino. Jesús es la verdad. Jesús es la vida. Es más, el Jesús que se sienta a la mesa de tu mente es el mismo Jesús que ha estado siempre en acción en la historia, antes incluso de que hubiera historia. Él es el mismo ayer, hoy y por los siglos.

Creer en Yo soy el que soy cuando te sientas con él a la mesa te traerá paz en los momentos de ansiedad.

Jesús siempre ha sido y siempre será digno de confianza, estable y seguro.

Considera lo siguiente

¿Cuándo has experimentado a Dios de un modo especialmente potente?

¿Cómo podemos comunicar la realidad de Jesús como el camino a la cultura de nuestro tiempo sin resultar detestables o insultantes?

VERSÍCULO PARA MEMORIZAR

—Yo soy el camino, la verdad y la vida
—le contestó Jesús—. Nadie llega
al Padre sino por mí.

JUAN 14:6

Jesús es el pan de vida

**—Yo soy el pan de vida —declaró Jesús—. El
que a mí viene nunca pasará hambre, y el que
en mí cree nunca más volverá a tener sed.**
JUAN 6:35

A lo largo de mi vida he comido muchos tipos de pan (y disfrutado la
mayoría de ellos), pero no he comido nunca pan del cielo. Que yo sepa,
ese privilegio solo lo tuvieron los israelitas que vagaron por el desierto
tras el éxodo de Egipto.

Es un relato entrañable. Los israelitas no tenían las provisiones
necesarias para su viaje tras salir de Egipto, y se lo dijeron a Moisés y
Aarón: «¡Cómo quisiéramos que el Señor nos hubiera quitado la vida
en Egipto! —les decían los israelitas—. Allá nos sentábamos en torno
a las ollas de carne y comíamos pan hasta saciarnos. ¡Ustedes nos han
traído a este desierto para matar de hambre a toda la comunidad!»
(Éxodo 16:3). Si yo hubiera estado allí, estoy seguro de que habría sido
de los que se quejaban.

Dios intervino enviándoles una enorme cantidad de codornices
que los israelitas cazaron y comieron aquella noche. A la mañana
siguiente, experimentaron un milagro aún más espectacular: descubrieron que el suelo estaba lleno de pan. Montones de pan. Toneladas
de pan. Y lo mismo sucedió mañana tras mañana durante todo su
recorrido por la tierra prometida.

Si avanzamos hasta el tiempo de Jesús, recordaremos que él hizo
un milagro parecido alimentando a cinco mil hombres (sin contar a las

mujeres ni a los niños) multiplicando exponencialmente cinco pequeños panes de cebada y dos peces y convirtiéndolos en una fantástica
fiesta. Evidentemente, este milagro causó un gran impacto en aquellas
personas. Estaban entusiasmadas no solo porque habían presenciado
algo sobrenatural, sino porque se les había dado una buena comida.

Por desdicha, se quedaron atascados en aquel milagro. Cuando
volvieron a ver a Jesús, él intentó conducirles hacia realidades más
importantes que el hambre y el pan. «Trabajen, pero no por la comida
que es perecedera, sino por la que permanece para vida eterna, la cual
les dará el Hijo del hombre» (Juan 6:27).

Sin entender lo que quería decir, sus oyentes le recordaron a Jesús
que Moisés les había dado a sus seguidores el maná, pan del cielo. «¿Y
qué señal harás para que la veamos y te creamos? ¿Qué puedes hacer?
—insistieron ellos—. Nuestros antepasados comieron el maná en el
desierto, como está escrito: "Pan del cielo les dio a comer"» (vv. 30-31).
¡Vaya indirecta!

No pases por alto la verdad que expresan estos versículos: el pueblo quería que Jesús les llenara el estómago, mientras que él intentaba
alimentar sus almas. Más aún, Jesús quería ayudarles a reconocer su
hambre no de comida física, sino de vida eterna.

Por ello Jesús les habló con toda claridad. «Yo soy el pan de vida
—declaró—. El que a mí viene nunca pasará hambre, y el que en mí
cree nunca más volverá a tener sed». Los israelitas experimentaron
la divina provisión de comida, pero aquí Jesús —Dios encarnado—
estaba ofreciéndoles algo mucho más grande; poniendo delante de
ellos una vida de satisfacción, plenitud y propósito. Una vida conec-
tada con Cristo.

¿Quieres tomar de este pan y comer de él? La mesa está preparada.
La oferta está en pie. Jesús es la comida. Y la elección es tuya.

Considera lo siguiente

¿Cuándo has experimentado la provisión de Dios de forma significativa?

¿Qué pasos podemos dar para dejar de centrarnos en cosas temporales y enfocarnos en lo que es eterno?

VERSÍCULO PARA MEMORIZAR

—Yo soy el camino, la verdad y la vida —le contestó Jesús—. Nadie llega al Padre sino por mí.

JUAN 14:6

DÍA 27

Jesús es la luz del mundo

Una vez más Jesús se dirigió a la gente, y les dijo: —Yo soy la luz del mundo. El que me sigue no andará en tinieblas, sino que tendrá la luz de la vida.

JUAN 8:12

¿Por qué celebramos la Navidad el 25 de diciembre? Sí, algunos cristianos de los primeros siglos creían que Jesús nació realmente en esta fecha, pero nadie lo sabía con seguridad. Y hoy seguimos sin saberlo con certeza. La fecha del nacimiento de Jesús es un misterio. La razón por la que la iglesia escogió el día 25 de diciembre para celebrar la Navidad es un poco complicada, pero puede reducirse a una palabra: luz. El solsticio invernal se produce casi siempre el 21 de diciembre. En el hemisferio norte, este es el día en que el polo de la Tierra alcanza su máxima inclinación con respecto al sol, con lo cual este es el día con menos luz solar del año.

Allá por el siglo tercero después del nacimiento de Jesús, distintos concilios de la iglesia decidieron que la Navidad se celebraría el 25 de diciembre, solo unos días después del solsticio de invierno y de la noche más oscura del año. El simbolismo era claro y potente: el nacimiento de Jesús significaba que la luz había entrado en el mundo.

Juan hizo mucho énfasis, y con razón, en la imaginería de la luz al comenzar su evangelio:

En el principio ya existía el Verbo, y el Verbo estaba con Dios, y el Verbo era Dios. Él estaba con Dios en el principio. Por medio de él todas las cosas fueron creadas; sin él, nada de lo creado llegó a existir. En él estaba la vida, y la vida era la luz de la humanidad. Esta luz resplandece en las tinieblas, y las tinieblas no han podido extinguirla [...]. Esa luz verdadera, la que alumbra a todo ser humano, venía a este mundo (1:1-5, 9).

Mateo también subrayó este tema al iniciar su evangelio, observando que con el nacimiento y ministerio de Jesús se cumplió la crucial profecía de Isaías 9:1-2: «El pueblo que habitaba en la oscuridad ha visto una gran luz; sobre los que vivían en densas tinieblas la luz ha resplandecido» (Mateo 4:16).

Con todo este trasfondo, Jesús entendía exactamente lo que hacía cuando declaró: «Yo soy la luz del mundo».

Este mundo es un lugar de oscuridad. No hace falta que te explique por qué; lo has visto por ti mismo. Pero el problema no está solo en el mundo. Nosotros, como seres humanos, estamos también llenos de oscuridad. Somos corrompidos por la oscuridad del pecado, y propagamos esta oscuridad una y otra vez por nuestras acciones pecaminosas. Dejados a nuestra merced, somos criaturas de la oscuridad y siempre andaremos en la oscuridad. Esta es precisamente la razón por la que necesitamos la luz. Y una vez más, no solo la necesitamos, sino que también la tenemos. La *tienes*. La luz del mundo está a tu disposición para alejar de ti las tinieblas, para fortalecer tu percepción y aportar claridad a cada día de tu vida.

Considera lo siguiente

¿Dónde ves pruebas de la oscuridad del mundo en nuestro tiempo?

¿Dónde ves pruebas de esta oscuridad en tu vida?

VERSÍCULO PARA MEMORIZAR

—Yo soy el camino, la verdad y la vida
—le contestó Jesús—. Nadie llega
al Padre sino por mí.

JUAN 14:6

DÍA 28
Jesús es el buen pastor

Por eso volvió a decirles: «Ciertamente les aseguro que yo soy la puerta de las ovejas. Todos los que vinieron antes de mí eran unos ladrones y unos bandidos, pero las ovejas no les hicieron caso. Yo soy la puerta; el que entre por esta puerta, que soy yo, será salvo. Se moverá con entera libertad, y hallará pastos. El ladrón no viene más que a robar, matar y destruir; yo he venido para que tengan vida, y la tengan en abundancia. Yo soy el buen pastor. El buen pastor da su vida por las ovejas».
JUAN 10:7-11

James Rebanks es un pastor moderno. En los montes de Cumbria, en la zona norte de Inglaterra, Rebanks cuida cientos de ovejas en la misma granja que ha pertenecido a su familia durante más de seiscientos años. Rebanks cuida constantemente su rebaño, lo cual no es una tarea fácil en una zona del mundo conocida por sus duras condiciones meteorológicas. Él hace todo lo necesario para que cada una de las ovejas que tiene a su cuidado esté segura, feliz y se desarrolle plenamente. Podrías decir que James Rebanks forma parte de una antigua tradición y, sin duda, tendrías razón. Pero James también ha introducido un poco de tecnología moderna en su profesión. Concretamente, las redes sociales. Rebanks es conocido en Twitter como el pastor de Herdwick (Herdwick Shepperd), y suele mandar tuits, reflexiones y fotografías a sus 150.000 seguidores. De hecho, publicó una autobiografía en 2015, *La vida del pastor*, que se convirtió en un superventas.[1]

Me encantan las personas como James Rebanks porque me ayudan a entender la Escritura a otro nivel. Nos abren la puerta a un mundo que era común en los días de la antigüedad pero que parece alejado de la realidad para la mayoría de los seguidores modernos de Jesús.

Por ejemplo, cuando Jesús les dijo a sus discípulos «yo soy la puerta de las ovejas», su afirmación tenía un sentido muy específico para ellos. Sabían exactamente de qué estaba hablando, y sin duda agradecieron la capacidad de Jesús para condensar una verdad complicada en una imagen sencilla y potente.

Sin embargo, los lectores de nuestro tiempo tenemos que investigar un poco para poder entender plenamente lo que Jesús estaba comunicando con esta imagen. Para empezar, hemos de saber que en el mundo antiguo los pastores solían dormir en el campo con sus rebaños para protegerlos de los depredadores. Por otra parte, solían también proteger a sus ovejas en pequeños apriscos o recintos con cuatro paredes y una pequeña abertura que permitía entrar y salir a las ovejas. Sin embargo, en lugar de poner algún tipo de puerta, el pastor mismo se instalaba en la abertura, de modo que ningún animal o persona pudiera entrar ni salir sin pasar por donde estaba él.

En otras palabras, el propio pastor *era* la puerta, que es exactamente lo que Jesús comunicó a sus discípulos. Jesús es la puerta por la que entramos en el reino de Dios. Y cuando formamos parte de su rebaño, no hay nada que pueda alcanzarnos o hacernos daño, ni siquiera tocarnos, sin que tenga que pasar a través de él. Por ello, podemos movernos «con entera libertad, y [hallar] pastos». Además, podemos tener vida y tenerla «en abundancia». Por último, Jesús proclamó: «Yo soy el buen pastor» —otra declaración que comienza con «yo soy». Y añadió: «El buen pastor da su vida por las ovejas».

Esta afirmación desconcertó probablemente a los discípulos cuando la oyeron por primera vez, pero a nosotros no nos extraña. Jesús dio su vida para que nosotros podamos tener vida eterna, es decir, eterna comunión con él. ¿Por qué? Por cuanto él es el buen pastor; *tu* buen pastor. Él puso su vida por ti.

Considera lo siguiente

Menciona algunas ocupaciones o imágenes del mundo de hoy que puedan comunicar algo parecido a «Yo soy la puerta de las ovejas».

¿Cómo puedes darle gracias a Jesús y alabarle por su papel como tu buen pastor?

VERSÍCULO PARA MEMORIZAR

—Yo soy el camino, la verdad y la vida
—le contestó Jesús—. Nadie llega
al Padre sino por mí.

JUAN 14:6

DÍA 29

Jesús es la resurrección y la vida

Entonces Jesús le dijo: —Yo soy la resurrección y la
vida. El que cree en mí vivirá, aunque muera; y todo el
que vive y cree en mí no morirá jamás. ¿Crees esto?
JUAN 11:25-26

Los asistentes al funeral de Jorge Gonçalves, un albañil de Brasil, se llevaron un buen susto cuando el propio Gonçalves se presentó en la ceremonia. ¡Vaya malentendido!

El domingo por la noche, la policía atendió un grave accidente automovilístico y creyó que la víctima era Gonçalves. El cuerpo estaba muy desfigurado, pero la ropa se parecía mucho a la de Gonçalves. Algunos miembros de su familia llegaron incluso a identificar el cadáver. Lo que no sabían era que Jorge no había pasado la noche en la carretera, sino en un área de servicio para camiones hablando con unos amigos. La costumbre en Brasil es que los funerales se celebren el día después del fallecimiento, de modo que se hicieron los preparativos rápidamente. Gonçalves se enteró de lo que había pasado el mismo lunes y tuvo la singular experiencia de asistir a su propio funeral.[1]

Pero cuando Jesús resucitó a Lázaro de los muertos no hubo ninguna confusión de identidades. Jesús se enteró de que Lázaro estaba enfermo, pero decidió no desplazarse inmediatamente donde estaba su amigo, sino esperar varios días. Se lo tomó con calma. Y cuando los discípulos le preguntaron, Jesús contestó: «Nuestro amigo Lázaro duerme, pero voy a despertarlo» (Juan 11:11).

Cuando Jesús llegó finalmente a Betania, Marta, la hermana de Lázaro, expresó sin ambages su disgusto por el retraso. «Señor —le dijo Marta a Jesús—, si hubieras estado aquí, mi hermano no habría muerto» (v. 21). Cuando él le dijo confiadamente que su hermano resucitaría, ella no lo aceptó. «Yo sé que resucitará en la resurrección, en el día final», dijo ella (v. 24). Pensaba que Jesús le estaba soltando un tema baladí para consolarla y, como la mayoría de las personas, no estaba interesada en esos temas.

Pero Jesús dio un paso adelante con tres afirmaciones claras e inequívocas. En primer lugar dijo: «Yo soy la resurrección y la vida». Una vez más, Jesús recurrió a la expresión «yo soy» para resaltar su autoridad y su poder. Con ello le recordaba a Marta su naturaleza divina.

En segundo lugar afirmó: «el que cree en mí vivirá, aunque muera». Jesús quería que Marta entendiera que la muerte física no tiene la última palabra, como muchas veces creemos. De hecho, cuando estamos conectados con Cristo, la muerte es simplemente el paso de esta vida a una mejor versión. La muerte es otra parte de la vida eterna.

Por último Jesús afirmó: «y todo el que vive y cree en mí no morirá jamás». Cuando recibimos una nueva vida espiritual en Cristo, experimentamos un cambio permanente. Jesús nos lleva de la muerte espiritual a la vida espiritual en un billete solo de ida. No hay vuelta atrás.

La última pregunta de Jesús a Marta fue importante para ella, pero lo es también para nosotros. «¿Crees esto?». Si tu respuesta es afirmativa, ¡cobra ánimo con el increíble regalo que se te ha dado! Fortalece tu mente con esta verdad siempre que el espectro de la muerte te haga sentir miedo.

Considera lo siguiente

¿Cómo describirías la idea de la muerte que tiene nuestra cultura?

¿Qué significa creer en Jesús según se describe en Juan 11:25-26?

VERSÍCULO PARA MEMORIZAR

—Yo soy el camino, la verdad y la vida
—le contestó Jesús—. Nadie llega
al Padre sino por mí.

JUAN 14:6

DÍA 30

Jesús es la vid verdadera

Yo soy la vid y ustedes son las ramas. El que permanece en mí, como yo en él, dará mucho fruto; separados de mí no pueden ustedes hacer nada.
JUAN 15:5

¿Alguna vez has tenido ocasión de andar por un viñedo? Es una experiencia increíble. La estructura de los viñedos es de por sí asombrosa, hilera tras hilera y espaldera tras espaldera. Los colores son sorprendentes. Y cuando los racimos están maduros, sientes un deseo irresistible de tomar en tus manos unos frutos que brotan deliciosamente de cada cepa. Cuando leo Juan 15, me gusta pensar en Jesús caminando con sus discípulos hacia el Monte de los Olivos desde Jerusalén. Lo veo pasando entre cepas y deteniéndose para observar un viñedo cultivado, o quizá son solo algunas vides silvestres que crecen junto al camino. Llama con gestos a sus discípulos para que vayan dónde él está. Estos se le acercan y le rodean en silencio, sabiendo que el Maestro se dispone a enseñarles algo.

«Yo soy la vid verdadera, y mi Padre es el labrador», les dice (v. 1). Me imagino a Jesús tomando algunos granos de uva con la mano, o quizá mostrándoles uno a los discípulos para que lo vean de cerca. Jesús les explica a los discípulos que el Padre poda algunos sarmientos que no llevan fruto, y les recuerda que ninguno de ellos puede llevar fruto por sí mismo. En sus palabras: «tiene que permanecer en la vid» (v. 4).

Después les declara la verdad que quiere que escuchen: «Yo soy la vid y ustedes son las ramas. El que permanece en mí, como yo en él, dará mucho fruto; separados de mí no pueden ustedes hacer nada».

Es esta última afirmación la que realmente me sorprende cuando pienso en ella. No puedo dejar de pensar en mí como una persona competente, alguien capaz de hacer cosas. Alguien que cuenta con determinados recursos y sabe sacarles el máximo partido. Alguien que entiende el valor del esfuerzo y que está dispuesto a esforzarse.

En pocas palabras, me es fácil creer que puedo conseguir cosas por mi cuenta. Y no solo cosas triviales, sino también cosas importantes. Objetivos que merecen la pena.

Siempre que empiezo a pensar de este modo, sé que necesito pasar un rato a la mesa con Jesús. Porque la realidad es que Jesús tiene razón: separado de él no puedo hacer nada que tenga trascendencia eterna. No hay ni una sola cosa de valor eterno que pueda hacer o conseguir recurriendo únicamente a mi propia fuerza, ingenio o recursos.

¿Por qué? Porque soy un pámpano, no una cepa. Cada uno de los recursos que tengo me ha llegado por medio de la vid verdadera, Jesús, mi Salvador. Y si me desconectara de esta vid, aunque solo fuera un momento, una exhalación, me marchitaría. Solo serviría como combustible para el fuego.

Escúchenme, por favor: no son malas noticias. No es una expresión de autocompasión o autodesprecio. Es sencillamente la verdad. Y cuanto más profundamente la entienda, más permaneceré en Jesús, la vid verdadera.

Considera lo siguiente

¿Cómo respondes a la idea de que separado de Cristo no puedes hacer nada?

¿Qué significa permanecer en Jesús como la vid verdadera?

VERSÍCULO PARA MEMORIZAR

—Yo soy el camino, la verdad y la vida
—le contestó Jesús—. Nadie llega
al Padre sino por mí.

—JUAN 14:6

Jesús es Señor de todo

Jesús es Señor

Por eso Dios lo exaltó hasta lo sumo y le otorgó el nombre que está sobre todo nombre, para que ante el nombre de Jesús se doble toda rodilla en el cielo y en la tierra y debajo de la tierra, y toda lengua confiese que Jesucristo es el Señor, para gloria de Dios Padre.

FILIPENSES 2:9–11

La palabra *Señor* la encontramos constantemente en la iglesia y en nuestros círculos cristianos. La escuchamos en sermones. La escuchamos en oraciones, tanto públicas como privadas. La leemos en libros y boletines. La pronunciamos. Algunas veces incluso la gritamos, quizá como una expresión de alabanza o quizá como una exclamación de frustración. Pero ¿qué significa realmente esta palabra? ¿Qué estamos diciendo cuando la utilizamos? ¿Qué deberíamos estar diciendo?

Hay un sentido en el que esta palabra puede perderse en la traducción. Cuando oímos la palabra *señor* a muchos en Estados Unidos nos vienen a la mente esos aristócratas y hacendados británicos que describen las series de televisión. (N. del T.: La palabra inglesa para señor es *lord* que, lógicamente, lleva a pensar en los miembros de la primera nobleza británica). Me refiero a esos hombres mayores con mejillas regordetas, pelucas empolvadas y aparatosos atuendos. Lord Perriweather de Dukeshire Falls o algo así.

Esta no es la idea que había de los *señores* en el mundo antiguo. En absoluto. Los señores del tiempo de Jesús, por ejemplo, eran gobernantes. Tenían poder y responsabilidades. Esto se aplicaba a los patriarcas, que eran señores de sus unidades domésticas —esto incluía tanto a la familia como a los siervos—, y seguía en una línea ascendente que llegaba hasta el César como señor de todo el imperio romano.

En este contexto, la idea de señorío estaba relacionada con la de autoridad. Concretamente, ser un señor era ejercer autoridad sobre una región, un grupo humano o una provincia. Los señores formulaban juicios, ponían reglas, daban órdenes y esperaban obediencia.

Esto es lo que quiere decir la Escritura cuando habla de Jesús como Señor. Jesús tiene autoridad y *es* autoridad. Hemos visto en la reflexión del día 6 que Jesús es supremo, que está por encima de todos los demás. Pablo señaló esta verdad en Filipenses cuando escribió que Jesús fue «exaltado hasta lo sumo» y le fue dado el nombre «que está sobre todo nombre». Esta supremacía es la base de la autoridad de Jesús, de su señorío.

Observa que el señorío de Jesús no es algo menor. Ha sido exaltado a un plano en el que «toda rodilla» se doblará y «toda lengua» confesará que Jesucristo es el Señor. Todos los seres del cielo y de la tierra acabarán rindiéndose a la autoridad de Jesús; se le sujetarán tanto física como verbalmente porque él es el Señor.

¿Qué significa esto para ti? Pues significa que tú no eres el Señor, ni siquiera un señor con *s* minúscula. Pero esto es bueno. Tú y yo sabemos que seríamos señores terribles. Esta es la razón por la que todos nosotros doblamos nuestras rodillas y confesamos con nuestra boca que Jesús es el Señor.

Considera lo siguiente

¿Qué personas u organizaciones ostentan una gran autoridad en el mundo de hoy?

¿Qué implica, en la práctica, sujetarse a la autoridad de Jesús?

VERSÍCULO PARA MEMORIZAR

Si confiesas con tu boca que Jesús es el Señor y crees en tu corazón que Dios lo levantó de entre los muertos, serás salvo. Porque con el corazón se cree para ser justificado, pero con la boca se confiesa para ser salvo.

ROMANOS 10:9–10

DÍA 32

Jesús es Señor de la creación

En el principio tú afirmaste la tierra, y los cielos son la obra de tus manos.

SALMOS 102:25

John Priest, conocido por la historia como «el hombre insumergible», trabajó la mayor parte de su vida al principio del siglo veinte como fogonero a bordo de buques de vapor. Su tarea era mantener vivo el fuego de las enormes calderas que movían los barcos, paleando carbón a su interior. ¡Lamentablemente para John, los enormes barcos en que trabajaba se hundían una y otra vez!

Priest trabajaba a bordo del navío HMHS Asturias cuando este chocó con otra embarcación en su primera travesía. En 1911, estaba a bordo del RMS Olympic, un buque gemelo del Titanic, cuando este chocó con el crucero HMS Hawke. Después, en 1912, John encontró trabajo como fogonero del RMS Titanic, y todos sabemos lo que sucedió. Durante la Primera Guerra Mundial, Priest sirvió en el mercante RMS Alcantara, que fue hundido por un bombardero alemán en 1916. Por último, John se unió a la tripulación del HMHS Britannic, otra embarcación gemela del Titanic, que se estrelló con una mina y se hundió cerca de la isla griega de Kea, también en 1916.

¡Uf! Por increíble que parezca, John Priest sobrevivió a todas esas colisiones y falleció en 1937 —en tierra firme— de muerte natural.[1]

En Lucas 8, la Escritura describe otro momento peligroso en el mar. Y aunque John Priest no iba en aquel viaje, sí había otro hombre insumergible a bordo: el Señor de la creación.

Todo comenzó cuando Jesús dijo a sus discípulos: «Crucemos al otro lado del lago» (v. 22). El lago en cuestión era el mar de Galilea, una considerable masa de agua que habría llevado de tres a cinco horas cruzar. Sin embargo, hacia la mitad de la travesía se levantó una feroz tormenta que amenazó la embarcación. Recordemos que varios de los discípulos de Jesús eran pescadores habituados a navegar y que sabían manejarse en el agua. Aun así, la Escritura dice: «la barca comenzó a inundarse y corrían gran peligro» (v. 23).

¿Dónde estaba Jesús durante esa situación? Durmiendo, aparentemente inconsciente del peligro. Cuando los discípulos le despertaron, gritando para que les ayudara, él reprendió a los vientos y a las olas. La tormenta se calmó y todo quedó tranquilo. Fue entonces cuando los discípulos hicieron su famosa pregunta: «¿Quién es este, que manda aun a los vientos y al agua, y le obedecen?» (v. 25).

Si los discípulos hubieran comprendido mejor la identidad de Jesús, no hubieran hecho esa pregunta. El Antiguo Testamento había dejado muy claro que el Mesías, el Salvador, tendría autoridad sobre la creación. Como declara el Salmo 102:25: «En el principio tú afirmaste la tierra, y los cielos son la obra de tus manos». El salmista estaba hablando de Jesús, que es Señor sobre toda la creación. Jesús es quien llenó las profundidades del mar y, hasta el día de hoy, ha iniciado y mantenido los patrones que producen calor y frío, cielos claros y nubes, ciclones y brisas veraniegas. Jesús es Señor sobre cualquier tormenta.

Esto significa que no tienes que ser alguna clase de persona insumergible; sea cual sea la tormenta en que te encuentres, el Señor de toda la creación está contigo. Te cubre la espalda y tiene el control.

Considera lo siguiente

¿De qué maneras podemos beneficiarnos de la autoridad de Jesús sobre el mundo natural?

¿En qué área de tu vida sientes que te estás hundiendo? ¿Por qué?

VERSÍCULO PARA MEMORIZAR

Si confiesas con tu boca que Jesús es el Señor y crees en tu corazón que Dios lo levantó de entre los muertos, serás salvo. Porque con el corazón se cree para ser justificado, pero con la boca se confiesa para ser salvo.

ROMANOS 10:9–10

Jesús es Señor del sábado

> El sábado se hizo para el hombre, y no el hombre para el
> sábado —añadió—. Así que el Hijo del hombre es Señor
> incluso del sábado.
>
> **MARCOS 2:27-28**

A los fariseos del tiempo de Jesús les encantaban las reglas. ¡Les entusiasmaban! Les complacía escribirlas. Disfrutaban mostrándoles a los demás lo bien que se les daba seguirlas. Lamentablemente, también les encantaba controlar a todo el mundo para que las cumplieran y se deleitaban corrigiendo implacablemente a quienes no lo hacían.

Sin embargo, hemos de aclarar una cosa: los fariseos y otros líderes religiosos del tiempo de Jesús no siempre se centraban en las reglas del Antiguo Testamento, que a veces llamamos la ley. La ley constaba de unos seiscientos mandamientos que Dios dio a su pueblo por medio de Moisés y, naturalmente, todos ellos eran buenos. Tales mandamientos reflejan el carácter de Dios y nos revelan las formas en que no cumplimos sus normas.

El problema vino cuando los fariseos y otros líderes religiosos decidieron interpretar esas leyes haciendo más reglas a partir de ellas. Tomemos, por ejemplo, el cuarto mandamiento: «Acuérdate del sábado, para consagrarlo […]. No hagas en ese día ningún trabajo» (Éxodo 20:8, 10). Es un buen mandamiento que nos ayuda a entender el valor del descanso y de apartar tiempo para adorar a Dios.

Pero cuando el pueblo de Dios empieza a cumplir este mandamiento, surge un problema: ¿qué significa exactamente trabajar? Evidentemente, si soy herrero el sábado no debería seguir con mi profesión. Pero ¿puedo cuidar el jardín? ¿Sería eso trabajar? ¿Podría ayudar a alguien herrando gratis su caballo o hacerlo sería trabajar? ¿Qué actividades se definen como trabajo y cuáles de ellas son aceptables?

No es de extrañar que los fariseos intentaran resolver ese rompecabezas haciendo más reglas. Muchos de ellos afirmaban, por ejemplo, que andar más de un kilómetro el sábado era desobedecer a Dios, porque se consideraba trabajo. Otros decían que escupir en el suelo el sábado era contrario a la ley, porque podías regar una semilla sin darte cuenta y eso sería cultivar la tierra, es decir, trabajar y, por tanto, estaría prohibido.

Esa era su mentalidad cuando, un sábado, vieron a los discípulos de Jesús caminando por un campo. Trágicamente, la Escritura dice que los discípulos «comenzaron a arrancar a su paso unas espigas de trigo» (Marcos 2:23). ¡Los fariseos quedaron estupefactos! Aquello era una forma de trillar, lo cual era trabajar. ¡Cómo se atrevían! Indignados, los fariseos increparon a Jesús diciéndole: «¿por qué hacen ellos lo que está prohibido hacer en sábado?» (v. 24).

Y entonces Jesús les recordó la realidad: «El sábado se hizo para el hombre, y no el hombre para el sábado [...]. Así que el Hijo del hombre es Señor incluso del sábado». Jesús les dijo que Dios concibió el sábado como un regalo. Un tiempo para encontrar descanso y paz, y para adorar a Dios. Un espacio para conectar con el Todopoderoso. Nunca pretendió ser un tiempo de reglas, restricciones y rencorosas acusaciones.

¿Cómo sabía Jesús estas cosas? Porque «el Hijo del hombre es Señor incluso del sábado». Con lo cual da a entender que Jesús tiene autoridad sobre el sábado, porque el sábado es un mandamiento de Dios, y Jesús es Dios. Es más, Jesús tiene también autoridad sobre todos aquellos hábitos espirituales y ritos religiosos que a menudo comienzan con buenas intenciones pero que acaban desplazando aquello que es realmente importante: nuestra relación con él.

Si te sientes ahogado por las tradiciones o las expectativas de otras personas, puede que sea el momento de dejar a un lado estas cosas y prestar atención a tu conexión con Jesús, que es Señor. De hecho, puede que sea el momento de darte un descanso, tanto físico como espiritual. No tienes que esforzarte para llegar a un cierto nivel religioso. No tienes que ganarte nada de lo que Dios te ofrece. Solo tienes que sentarte con Jesús a la mesa que él ya ha preparado para ti. No tienes que hacer nada, solo estar con él.

Considera lo siguiente

¿Cómo te has acercado generalmente a la cuestión del sábado? ¿Por qué?

¿Qué tradiciones o expectativas religiosas crees que te hacen más difícil conectar con Dios?

VERSÍCULO PARA MEMORIZAR

Si confiesas con tu boca que Jesús es el Señor
y crees en tu corazón que Dios lo levantó de
entre los muertos, serás salvo. Porque con
el corazón se cree para ser justificado, pero
con la boca se confiesa para ser salvo.

ROMANOS 10:9-10

Jesús es Señor del sepulcro

Una semana más tarde estaban los discípulos
de nuevo en la casa, y Tomás estaba con ellos.
Aunque las puertas estaban cerradas, Jesús entró
y, poniéndose en medio de ellos, los saludó.
—¡La paz sea con ustedes!
Luego le dijo a Tomás:
—Pon tu dedo aquí y mira mis manos. Acerca tu mano y
métela en mi costado. Y no seas incrédulo, sino hombre de fe.
—¡Señor mío y Dios mío! —exclamó Tomás.
JUAN 20:26-28

Es difícil discutir con una resurrección. Tras la crucifixión y sepultura
de Jesús, sus discípulos estaban confundidos, afligidos y desanimados.
No sabían qué hacer ni adónde ir. No entendían que las cosas se hubieran complicado tanto y con tanta rapidez. Tomás era uno de ellos.

Después, la mañana del tercer día, los rumores se dispararon.
Las mujeres habían ido al sepulcro y lo encontraron vacío. Pedro y
Juan lo habían confirmado. Más tarde, ¡otros comenzaron a decir que
habían visto vivo a Jesús! Andaba y hablaba, comía, respiraba, reía…
¡Estaba vivo!

Pero Tomás no lo había visto, y no estaba dispuesto a creer algo
tan disparatado como que alguien había resucitado del sepulcro sin
tener ciertas pruebas. «Mientras no vea yo la marca de los clavos en sus

manos, y meta mi dedo en las marcas y mi mano en su costado, no lo creeré», había dicho Tomás (Juan 20:25).

Y es ahí cuando Jesús entra en la escena (¡literalmente!). Una semana después de las palabras de Tomás, Jesús entró por una puerta cerrada con llave y se puso delante de él. «Pon tu dedo aquí y mira mis manos. Acerca tu mano y métela en mi costado. Y no seas incrédulo, sino hombre de fe».

Y hemos de decir a favor de Tomás que lo hizo. Me lo imagino postrándose a los pies de Jesús, sumiso y asombrado, feliz y avergonzado. «¡Señor mío y Dios mío!».

Como lectores modernos, es importante que entendamos que la resurrección de Jesucristo es un acontecimiento histórico. Se produjo del mismo modo que la Declaración de Independencia. No fue un truco de salón que Dios llevó a cabo. Jesús no pulsó un interruptor en su cerebro que le permitió salir de Jerusalén varios días y volver después cuando las cosas se arreglaron un poco. No, Jesús murió realmente en aquella cruz. Su vida se apagó, y experimentó lo que todas las personas experimentan cuando terminan esta vida y comienzan la siguiente.

Después, una vez que hubo muerto realmente, *resucitó*. Su cuerpo estuvo de nuevo lleno de vida. ¿Cómo fue posible? Simplemente porque Jesús es Señor. Es, concretamente, Señor del sepulcro. Jesús tiene autoridad sobre la muerte. Es él quien controla a la muerte, no al revés. Y por medio de esta autoridad, de este señorío, Jesús conquistó la muerte a favor de todas las personas; de ti y de mí.

Esta es la verdad: tú eres un ser eterno. Sí, tu cuerpo dejará un día de funcionar, pero ese no será tu final. No el de tu ser verdadero. Igual que Jesús, también tú tendrás un futuro, aun después de morir. Y cuando estás conectado con Jesús, cuando has aceptado el don de la salvación comprado por su muerte, ese futuro es increíblemente esperanzador.

No tengas, pues, miedo de la muerte. No dejes que esta te intimide. De hecho, ¿qué mejor manera de fortalecer tu mente contra el temor a la muerte que pasar tiempo cada día a la mesa con Jesús, el Señor del sepulcro?

Considera lo siguiente

¿Qué papel ha jugado el temor a la muerte en tu vida hasta ahora?

¿Cómo te afecta a ti y a tu vida la autoridad de Jesús sobre la muerte?

VERSÍCULO PARA MEMORIZAR

Si confiesas con tu boca que Jesús es el Señor y crees en tu corazón que Dios lo levantó de entre los muertos, serás salvo. Porque con el corazón se cree para ser justificado, pero con la boca se confiesa para ser salvo.

ROMANOS 10:9–10

Jesús es Señor sobre el mal y sus fuerzas

Reunió a sus doce discípulos y les dio autoridad para expulsar a los espíritus malignos y sanar toda enfermedad y toda dolencia.
MATEO 10:1

¿Por qué hacía milagros Jesús? A veces me hago esta pregunta, aunque sé que no hay una sola respuesta correcta. Por ejemplo, ya hemos visto que Jesús es salvador por naturaleza. Esto era, sin duda, algo que lo movía cuando se encontraba con los necesitados.

Creo que otra de las razones por las que Jesús llevaba a cabo milagros durante su ministerio público era mostrar su autoridad sobre distintas áreas de la vida. Concretamente, Jesús mostró autoridad sobre aquellas áreas de nuestras vidas que han sido corrompidas más profundamente por el pecado y por la realidad del mal en nuestro mundo.

Cuando lo piensas, las enfermedades y las dolencias están directamente relacionadas con la corrupción del pecado, y su rastro nos lleva hasta el huerto de Edén. La enfermedad no formó nunca parte del plan de Dios para la humanidad, y si no hubiera pecado, no habría enfermedad. Esta es la realidad del cielo. Cuando nuestro pecado sea plenamente erradicado, descubriremos que el cielo es el lugar donde «Ya no habrá muerte, ni llanto, ni lamento ni dolor, porque las primeras cosas han dejado de existir» (Apocalipsis 21:4).

Con todo esto en mente, pues, está claro que cada vez que Jesús sanaba a alguien estaba mostrando directamente su autoridad sobre la corrupción y las consecuencias del pecado. Cuando Jesús sanó al ciego y le dijo al paralítico que se levantara, tomara su lecho y anduviera, estaba mostrando su señorío sobre la discapacidad. Cuando sanaba leprosos y quitaba fiebres, mostraba su señorío sobre la enfermedad. Cuando tomó la mano de la hija de Jairo y dijo: «*¡Talita cum!*», mostró que es Señor sobre la muerte.

Lo mismo sucedía cuando Jesús confrontaba a los demonios y los expulsaba. Observa que Jesús nunca debatió con los demonios ni los embaucó para que dejaran en paz a aquellas personas. No, los reprendía. Les daba órdenes. Les mandaba que acabaran su obra perversa y estos le obedecían. Aun los demonios reconocían la autoridad de Jesús, su señorío, y se sometían a él.

Jesús es, pues, Señor sobre el pecado y sus consecuencias. Él tiene autoridad sobre la enfermedad, la muerte e, incluso, los demonios. Pero esto no es todo. Hay más y es todavía más extraordinario.

En el Evangelio de Mateo, cuando leemos sobre el empoderamiento de los discípulos, vemos que Jesús no solo tenía autoridad sobre las fuerzas del mal y las consecuencias del pecado en nuestro mundo, sino que *compartía esa autoridad con aquellos que le seguían*. Jesús extendió su señorío a sus discípulos, y a través de la ventana de la historia nos llega también a nosotros.

A veces no nos damos cuenta de lo insólito que es esto. Lo que quiero decir es que, cuando piensas en los personajes poderosos de la historia, ¿sabes de alguno que decidiera compartir su poder? ¿Recuerdas a alguno que estuviera dispuesto a regalar a otros su autoridad, su señorío? A mí no se me ocurre nadie que lo haya hecho.

Pero así es el Señor a quien servimos. Así es el Señor que te invita a su mesa y te da el poder de llevar cautivo todo pensamiento en su nombre.

Considera lo siguiente

¿Cómo ve nuestra cultura el concepto del mal?

¿Qué papel juegan hoy los cristianos en la lucha contra las fuerzas del mal?

VERSÍCULO PARA MEMORIZAR

Si confiesas con tu boca que Jesús es el Señor y crees en tu corazón que Dios lo levantó de entre los muertos, serás salvo. Porque con el corazón se cree para ser justificado, pero con la boca se confiesa para ser salvo.

ROMANOS 10:9-10

Jesús es Señor de tu vida

Supongamos que uno de ustedes tiene un siervo que ha estado arando el campo o cuidando las ovejas. Cuando el siervo regresa del campo, ¿acaso se le dice: «Ven en seguida a sentarte a la mesa»?

¿No se le diría más bien: «Prepárame la comida y cámbiate de ropa para atenderme mientras yo ceno; después tú podrás cenar»? ¿Acaso se le darían las gracias al siervo por haber hecho lo que se le mandó? Así también ustedes, cuando hayan hecho todo lo que se les ha mandado, deben decir: «Somos siervos inútiles; no hemos hecho más que cumplir con nuestro deber».

LUCAS 17:7-10

Seguimos ahondando en la identidad de Jesús y en el modo en que él obra en nuestra vida, y en esta sección nos hemos centrado en la palabra *Señor*. Hemos visto que el señorío de Jesús se relaciona con su autoridad y con la realidad de que él es supremo: él está por encima de cualquier otro ser y controla todas las cosas.

Ahora quiero pivotar un poco y explorar una palabra similar pero con matices ligeramente distintos. Me refiero a la palabra *dueño*.

En mi experiencia, reconocer a Jesús como Señor de todo es una cosa. Es relativamente fácil reconocer que Jesús es Señor de la creación, Señor de las realidades y prácticas espirituales, Señor sobre la muerte y el sepulcro, y Señor sobre el mal y sus consecuencias. Todos estos elementos están fuera de nosotros. Son verdades generales que podemos ubicar en el trasfondo de nuestra vida si así lo queremos.

Pero algo muy distinto es reconocer a Jesús como *dueño*; reconocer específicamente que Jesús es *mi* dueño. Hacerlo tiene un importante efecto sobre mi vida, porque para reconocer a Jesús como mi dueño tengo que reconocer mi inferioridad. He de reconocer mi posición humilde y subordinada.

En pocas palabras, si Jesús es dueño, entonces yo soy su siervo.

Para muchos de nosotros, esta es la verdadera prueba de nuestra vida espiritual. No olvidemos que estamos en el siglo veintiuno. Formamos parte del mundo moderno, rodeados y apoyados por una tecnología fascinante. Hemos estudiado y tenemos ambiciones profesionales. Tenemos sueños y objetivos. Cada día de nuestra vida, nuestra cultura nos martillea con la idea de que somos los dueños de nuestro destino; que, para bien o para mal, controlamos nuestra suerte.

Es imposible albergar, por un lado, estas ideas y —por otro— entender la verdad de Jesús como dueño. Estas realidades no pueden coexistir. O somos nosotros los dueños de nuestra vida o lo es Jesús.

Sin embargo, Jesús no es un jefe exigente e implacable, sino un rey-siervo. Él no vino para ser servido, sino para servir y dar su vida en rescate por todos.

Un dueño que decide servir es fácil de seguir. Es más, servirle te hace libre.

Jesús no se presenta a unas elecciones. Es Señor y dueño de todo. Cuando te sientes con él a la mesa, acuérdate de mostrarle honra y hazle saber tu deseo de hacer su voluntad.

Considera lo siguiente

¿Cuál fue tu primera respuesta cuando leíste Lucas 17:7-10?

¿Qué significa en la práctica aceptar tu papel como siervo de Cristo?

VERSÍCULO PARA MEMORIZAR

Si confiesas con tu boca que Jesús es el Señor y crees en tu corazón que Dios lo levantó de entre los muertos, serás salvo. Porque con el corazón se cree para ser justificado, pero con la boca se confiesa para ser salvo.

ROMANOS 10:9-10

Jesús es nuestro amigo

DÍA 37

Jesús es tu amigo

Ustedes son mis amigos si hacen lo que yo les mando. Ya no los llamo siervos, porque el siervo no está al tanto de lo que hace su amo; los he llamado amigos, porque todo lo que a mi Padre le oí decir se lo he dado a conocer a ustedes.
JUAN 15:14–15

Alan Robinson y Walter Macfarlane nacieron en Hawái con una diferencia de quince meses. Cuando se conocieron en sexto de primaria se hicieron amigos rápidamente y siguieron siéndolo durante toda su vida. Ambos desarrollaron un profundo vínculo de amistad que les permitió fortalecerse y apoyarse el uno al otro durante más de sesenta años.

Hace poco ambos hicieron una investigación de sus historias familiares a través de una página web que coteja datos de ADN. Macfarlane no había conocido a su padre y Robinson fue adoptado, por lo que ambos tenían interés en conocer su pasado y sus árboles genealógicos. Ves adónde va todo esto, ¿no? Las pruebas pusieron de relieve que ambos tenían la misma madre. Después de toda una vida de amistad, descubrieron que, en realidad, ¡eran hermanos![1]

Como Alan y Walter, aquellos que tenemos una relación con Jesús tenemos también el privilegio de conocerlo como amigo y hermano.

La Escritura dice: «Y ustedes no recibieron un espíritu que de nuevo los esclavice al miedo, sino el Espíritu que los adopta como hijos y les permite clamar: "¡*Abba!* ¡Padre!"». El Espíritu mismo le asegura a nuestro espíritu que somos hijos de Dios» (Romanos 8:15-16).

Este es un beneficio de la salvación verdaderamente sorprendente. No solo nos convertimos en ciudadanos del reino de Dios, sino que somos adoptados en su familia. Podemos invocarlo como Padre. Pero fíjate en el versículo siguiente: «Y, si somos hijos, somos herederos; herederos de Dios y coherederos con Cristo, pues, si ahora sufrimos con él, también tendremos parte con él en su gloria» (v. 17). Ser hijo de Dios es ser también heredero, lo que significa que somos «coherederos con Cristo», el Hijo de Dios.

En un sentido muy real, Jesús es, pues, tu hermano. Naturalmente, no compartimos carne y sangre con él, sino espíritu y sangre.

Al mismo tiempo, Jesús es tu amigo. Durante la última cena, Jesús compartió muchas grandes verdades y exhortaciones con sus discípulos. Entre las cosas más sorprendentes que dijo está esta afirmación: «Ya no los llamo siervos, porque el siervo no está al tanto de lo que hace su amo; los he llamado amigos, porque todo lo que a mi Padre le oí decir se lo he dado a conocer a ustedes».

Como hemos visto en estas páginas, Jesús está muy por encima de todas las personas y seres. Es Dios. El creador de todas las cosas. Es supremo en todos los sentidos. Es Señor y dueño.

Y sin embargo, en aquel aposento alto, Jesús miró a aquellos doce hombres sentados con él —todos ellos creados por él, todos inadecuados en su seguimiento de él, y la mayoría de los cuales iban a abandonarle aquella misma noche— y les dijo: «los he llamado amigos». ¡Qué declaración! ¡Qué regalo!

Esta es una verdad crucial. Jesús te busca y te ofrece un lugar a la mesa cada día no porque esté obligado o tenga que hacerlo, sino porque quiere. Porque es tu amigo.

Considera lo siguiente

¿Qué es lo que más disfrutas de tus amigos más cercanos?

¿De qué forma ha sido Jesús un amigo para ti?

VERSÍCULO PARA MEMORIZAR

Nadie tiene amor más grande que
el dar la vida por sus amigos.

JUAN 15:13

Jesús te ama

Así como el Padre me ha amado a mí, también yo los he amado a ustedes. Permanezcan en mi amor. Si obedecen mis mandamientos, permanecerán en mi amor, así como yo he obedecido los mandamientos de mi Padre y permanezco en su amor. Les he dicho esto para que tengan mi alegría y así su alegría sea completa.

JUAN 15:9-11

La mayoría de nosotros hemos oído la letra de una canción sobre el amor que sonó mucho en 1965. Sé que hay muchísimas canciones sobre el amor, pero me refiero a la que habla de lo que el mundo necesita ahora mismo, que no es dinero ni fama ni siquiera paz. Lo que necesitamos es amor. Dulce amor. Después de todo, según la canción, «es lo único que realmente escasea».[1]

La buena noticia es que, como creyentes, tú y yo sabemos que la fuente del amor —de todo el amor— es nuestro Dios. No es solo que Dios ame, sino que él es amor. Más concretamente, el Dios que es amor siente y expresa este amor hacia ti. Dios te ama.

Pero lo que quiero preguntarte es: ¿lo crees? ¿Crees, en lo profundo de tu ser, que Jesús te ama?

Sé que muy probablemente la respuesta espontánea será sí. En el ámbito de la iglesia las personas se sienten obligadas a responder: «Sí, creo que Dios me ama». Pero decir algo y saber algo son cosas muy diferentes. Y lo que ahora te pregunto es si sabes, si realmente sabes y crees en lo profundo de tu ser, que el Dios de toda la creación te ama.

Sentado en la habitación de un hospital con mi padre, en los últimos días de su vida, me sentí abrumado cuando me dijo que a lo largo de su vida nadie lo había amado, y tampoco creía que Dios pudiera hacerlo. Eran las palabras de alguien que fue abandonado por sus padres a una edad temprana, y que había luchado toda su vida con un constante sentido de inseguridad personal. Puede que esta sea hoy tu lucha, y te es difícil aceptar que Dios se preocupe por ti, y mucho menos que te ame.

Si es así, tienes que escucharme y confiar en mí, porque lo que necesitas ahora mismo es amor. El amor de Dios. Sean cuales sean las circunstancias que hayas vivido y la opinión que tengas de ti mismo, es importante que veas que Jesús hizo lo inimaginable por mostrarte cuánto te ama.

Fíjate en la última cena y verás que Jesús hizo una promesa a sus seguidores: «Así como el Padre me ha amado a mí, también yo los he amado a ustedes». Es una afirmación increíble, unas palabras que no puedes pasar por alto. ¡Tienen que estar diariamente en un primerísimo plano de tu vida a partir de hoy! El mismo amor que existe, desde siempre, entre los miembros de la Trinidad —Padre, Hijo y Espíritu— existe también entre Dios y tú.

Lo que proclama la canción de 1965 es cierto: todos necesitamos amor. Afortunadamente, aquel con quien te sientas a la mesa es amor. Y en este preciso momento te está ofreciendo ese amor.

Considera lo siguiente

¿Cuándo has experimentado el amor de Dios de forma significativa?

¿Qué significa para ti permanecer en el amor de Dios, estar arraigado en su realidad?

VERSÍCULO PARA MEMORIZAR

Nadie tiene amor más grande que
el dar la vida por sus amigos.

JUAN 15:13

DÍA 39

Jesús te ofrece gracia

Porque no tenemos un sumo sacerdote incapaz de compadecerse de nuestras debilidades, sino uno que ha sido tentado en todo de la misma manera que nosotros, aunque sin pecado. Así que acerquémonos confiadamente al trono de la gracia para recibir misericordia y hallar la gracia que nos ayude en el momento que más la necesitemos.

HEBREOS 4:15-16

Ayer comenzamos nuestro devocional haciendo referencia a una conocida canción pop, pero ¿qué me dirías si te preguntara cuál es el himno más querido de la iglesia en todo el mundo? Probablemente pensarías en «Sublime gracia». Si no lo consideras el himno más importante, estará sin duda entre los tres primeros.

A todos nos encanta «Sublime gracia» porque su letra es muy incisiva y potente. John Newton escribió este himno a partir de una experiencia profundamente auténtica cuando, tocado por Dios en lo más íntimo, dejó de ser tratante de esclavos y se convirtió en abolicionista. Newton podía decir con toda razón: «¡Sublime gracia, dulce son, que salvó a un miserable como yo! Perdido estaba y me encontró, era ciego, pero ahora veo».[1]

La gracia se describe a menudo como un «favor inmerecido», lo cual significa que somos objeto de una bondad y bendición que no merecemos. Pero la definición de «gracia» que más me gusta tiene más matices. Gracia es *Dios en acción*; Dios haciendo algo que yo no puedo hacer.

Vemos el desarrollo práctico de la gracia cuando esta se convierte en el vehículo mediante el cual experimentamos la salvación. El mensaje del evangelio nos dice que el pecado separa a la humanidad de Dios. Con frecuencia ponemos el acento en la idea de que el pecado nos lleva a hacer cosas malas y hace, pues, de nosotros malas personas. Pero es mucho peor que eso. La Escritura no enseña que el pecado haga de nosotros malas personas, sino personas muertas espiritualmente. Y sabemos que los muertos no pueden hacer nada para cambiar su situación.

Sin embargo, sorprendentemente, Jesús entró en nuestra historia mediante la gracia para hacer lo que no podíamos hacer para cambiar nuestra situación. Nacido sin pecado, Jesús fue el único humano completa y espiritualmente vivo. Por ello, cuando cargó nuestro pecado en su vida inocente y murió en nuestro lugar, sufriendo la muerte que todos nosotros merecemos, Jesús abrió un camino para que seamos perdonados de todo pecado y pasemos de la muerte a la vida eterna.

En otras palabras, la muerte y resurrección de Jesús representan una inmensa explosión de gracia hacia nosotros. Hemos sido colmados de favor inmerecido por medio de un acto que solo Jesús puede hacer. Este es el fundamento de nuestra salvación y de nuestra vida; como escribió el apóstol Pablo: «Porque por gracia ustedes han sido salvados mediante la fe; esto no procede de ustedes, sino que es el regalo de Dios, no por obras, para que nadie se jacte» (Efesios 2:8-9).

Lo más hermoso de la sublime gracia de Dios es que no solo pretende llevarnos al cielo. Dios nos ofrece su gracia para llevarnos adelante en nuestro día a día. La misma gracia que nos lleva *a* la vida en Cristo está también a nuestra disposición *para superar todas las dificultades* de la vida en Cristo.

Cuando hoy te sientes a la mesa con Jesús, toma nota de las cicatrices de sus muñecas. Recuerda que no son ya tus cicatrices las que te definen, sino las suyas. La gracia ha canjeado tu pecaminosidad por la justicia de Jesús. Por ello puedes acercarte a él con confianza, ante su propio trono.

Respira la gracia y sabe que, igual que Jesús pudo salvarte por gracia, puede guardarte hoy por medio de ella.

Considera lo siguiente

¿Qué beneficios y bendiciones has recibido por la gracia de Jesús?

¿Dónde tendrás oportunidad esta semana de ofrecer gracia a otras personas?

VERSÍCULO PARA MEMORIZAR

Nadie tiene amor más grande que
el dar la vida por sus amigos.

JUAN 15:13

DÍA 40

Jesús camina contigo

Enoc tenía sesenta y cinco años cuando fue padre de
Matusalén. Después del nacimiento de Matusalén, Enoc
anduvo fielmente con Dios trescientos años más, y tuvo
otros hijos y otras hijas. En total, Enoc vivió trescientos
sesenta y cinco años, y como anduvo fielmente con
Dios, un día desapareció porque Dios se lo llevó.
GÉNESIS 5:21-24

¿Te imaginas estar en la tierra en un momento determinado y desaparecer misteriosamente al minuto siguiente, no porque hayas muerto sino porque Dios te ha tomado en sus brazos y te encuentras instantáneamente con él?

Esto es exactamente lo que le sucedió a Enoc. Es uno de esos relatos de la Escritura que siempre ha capturado mis pensamientos e imaginación.

¿Qué es lo que hizo de Enoc alguien tan especial? ¿Por qué decidió Dios llevarle con él? Sabemos por otros textos que Enoc fue un siervo fiel y un poderoso profeta, aun en medio de una generación perversa. Pero lo más notable de Enoc es que caminaba con Dios incluso mientras vivía en este mundo.

Esta dualidad es fascinante. Enoc estaba en este mundo con su corrupción y dolor e injusticias y, sin embargo, caminaba con Dios. ¿Sabes quién más pudo equilibrar esta dualidad, incluso de un modo perfecto? ¿Alguien que formaba parte del mundo y que, sin embargo, vivía en perfecta comunión con Dios? Exactamente: Jesús.

Se ha dicho que no puedes entender a alguien hasta no haber andado un buen trecho con sus zapatos. Jesús anduvo mucho más que un buen trecho con nuestros zapatos. Vivió treinta y tres años como ser humano en este mundo. Sabe lo difícil que puede ser la vida en un mundo roto y pecaminoso. Sabe lo difícil que es formar parte de un mundo así y permanecer unido al Padre.

Pero debemos saber algo aún más sorprendente. No es solo que Jesús anduviera *en la tierra* y afrontara las mismas luchas que afrontas tú, sino que él quiere andar contigo hoy. La razón por la que te ha creado es que puedas conocerlo y darlo a conocer. Como Enoc, Dios te invita a andar con él. Esto significa que Jesús quiere ir contigo dondequiera que te lleven hoy tus pies.

Él estará presente en la inundación. En el fuego de la oposición, estará contigo. Lo encontrarás junto a ti cuando subas la montaña y también irá contigo cuando des un relajado paseo por la playa. En el valle de la muerte te dirá: «no temas, porque yo estoy contigo» (Isaías 41:10).

¿Cómo, pues, andamos con Jesús y cómo sabemos que él camina con nosotros? Por medio del Espíritu Santo que vive en nosotros y nos muestra el camino. Pablo escribió: «Así que les digo: Vivan por el Espíritu, y no seguirán los deseos de la naturaleza pecaminosa» (Gálatas 5:16). La vida consiste en una serie de pasos, y estos pasos se convierten en tu futuro. Invita a Jesús en cada paso, cada día. Nada es demasiado amenazador o prosaico para él si tú estás allí.

Cuando hoy te sientes a la mesa con Jesús, recuerda que él no quiere quedarse allí sentado cuando tú te levantes para marcharte. Jesús es un buen compañero de andadura. Él te llevará adelante hoy y cada día. De hecho, Jesús promete que te llevará por todo el camino hasta llegar al hogar.

Considera lo siguiente

¿Qué es para ti lo más difícil de ser parte del mundo y esforzarte por permanecer conectado con Dios?

¿Dónde necesitas especialmente a Jesús como compañero de andadura en este momento?

VERSÍCULO PARA MEMORIZAR

Nadie tiene amor más grande que
el dar la vida por sus amigos.

JUAN 15:13

DÍA 41

Jesús es amigo de pecadores

Porque vino Juan el Bautista, que no comía pan ni bebía vino, y ustedes dicen: «Tiene un demonio». Vino el Hijo del hombre, que come y bebe, y ustedes dicen: «Este es un glotón y un borracho, amigo de recaudadores de impuestos y de pecadores». Pero la sabiduría queda demostrada por los que la siguen.

LUCAS 7:33-35

La Escritura da a Jesús 134 nombres o títulos: *Rey de reyes, Salvador, Señor, Dios, Mesías...* Todos ellos son títulos maravillosos, pero el que más me intriga es el que le presenta como *amigo de pecadores*. Probablemente no está en la parte más alta de tu lista de títulos de Jesús, pero debería estarlo.

Lo que quiero decir es: ¿no te alegras de que Jesús sea amigo de pecadores?

Irónicamente, fueron los fariseos, sus adversarios religiosos, quienes le dieron este nombre a Jesús; estos eran los maestros de la ley que forzaban una forma aparente y externa de justicia y no le pasaban ni una a la multitud corrupta: los pecadores, los recaudadores de impuestos, los indigentes y los nuevos ricos. Lo que los fariseos querían que fuera una humillación, Jesús lo aceptó y afirmó repetidamente sobre sí mismo, porque él vino al mundo a salvar a los pecadores y a darles nueva vida.

Jesús sabía que en el corazón de todas las personas hay un enorme problema de pecado. Sabía que «todos han pecado y están privados de la gloria de Dios» (Romanos 3:23). Jesús estaba convencido de que todos los seres humanos han nacido en un estado pecaminoso que produce muerte espiritual.

Esto es cierto de ti y de mí. Todos somos egoístas. Inmorales. Arrogantes. Escépticos. Obstinados. Todos somos proclives a desviarnos del camino de la verdad y a hacer las cosas a nuestra manera.

¿A quién iba, pues, Jesús a ofrecer su amistad sino a los pecadores? ¿Con quién iba a comer y a pasar tiempo sino con ellos? Jesús fue la única persona espiritualmente pura durante toda su vida que ha habido sobre el planeta.

A diferencia de los fariseos, Jesús no menospreciaba a los pecadores. Los amaba. Y esto sigue siendo cierto hoy para ti y para mí. No te quepa duda, Jesús se opuso diametralmente al pecado; tanto es así que vino a nuestro mundo a destruir su poder sobre nuestras vidas, y lo hizo dejándose romper por nosotros en la cruz. Y esto lo hizo no porque te odia, sino porque te ama. Y él ama a tu compañero de clase, a tu compañero de trabajo, a tu prójimo, a tus familiares e incluso a aquellos cuyas vidas son un desastroso y pecaminoso caos, aquellos que parecen estar muy, pero que muy lejos de Dios. Y sí, ama incluso a aquellos que le son hostiles.

¿Cómo va Jesús a amarlos? Quiere hacerlo por medio de *ti*. Quiere que tú seas no solo sus manos y pies, sino su corazón. Naturalmente, no quiere que te impliques en relaciones o situaciones nocivas porque has de permanecer concentrado en la misión. La Escritura nos llama a estar en el mundo, pero sin ser de él.

Jesús quiere andar por la calle contigo y en las vidas e historias de quienes te rodean.

Tu enemigo, sin embargo, quiere convencerte de que Jesús nunca podrá sentirse bien contigo. Jesús no puede aceptarte con tantos defectos y tantos fracasos. ¡No escuches estas mentiras! Jesús te invita a ti —un rebelde convertido en hijo o en hija— a la mesa, y quiere que tú invites a otras personas para que sepan que están invitados a cenar con él.

Considera lo siguiente

¿Qué hace que te sientas indigno de relacionarte íntimamente con Cristo?

¿De qué formas concretas podemos acercarnos a Jesús y aceptar su oferta de amistad?

VERSÍCULO PARA MEMORIZAR

Nadie tiene amor más grande que
el dar la vida por sus amigos.

JUAN 15:13

Jesús nunca te dejará

Manténganse libres del amor al dinero, y conténtense con lo que tienen, porque Dios ha dicho: «Nunca te dejaré; jamás te abandonaré».

HEBREOS 13:5

Algunos de los momentos más difíciles de la vida son cuando experimentamos la partida de alguien. Incluso los niños descubren lo que se siente cuando sus amigos se trasladan a otro lugar o les dejan de lado por una nueva amistad. Las relaciones de amistad y noviazgo pueden ser aventuras maravillosas, pero muchas de ellas están también llenas de dolor y pérdida. Cuando nos hacemos un poco mayores, la mayoría de nosotros hemos tenido nuestros roces con la muerte. Perder a alguien que amamos no es nunca fácil, y a veces empezamos a preguntarnos si hay algo o alguien de quien podamos depender.

¿Acabarán dejándome todas las personas que amo?

Esta es la voz del enemigo. La realidad es que hay una relación con la que siempre puedes contar. Hay un amigo que nunca se apartará de ti, ni siquiera por un momento. Este amigo es Jesús, quien te hizo esta promesa: «Nunca te dejaré; jamás te abandonaré».

Te preguntas: *¿Cómo puede ser esto? Nunca he visto a Jesús, ¿cómo, pues, está conmigo?* La respuesta es el Espíritu Santo. Para ver lo que quiero decir, asomémonos una vez más a la conversación de Jesús con sus discípulos durante la última cena.

Antes de su arresto y crucifixión, Jesús preparó a sus discípulos para lo que venía enseñándoles acerca del Espíritu Santo. «Y yo le pediré al Padre, y él les dará otro Consolador para que los acompañe siempre: el Espíritu de verdad» (Juan 14:16-17). Jesús dijo que el mundo nunca entendería al Espíritu Santo porque no le ve ni le conoce. Y después hizo esta increíble afirmación: «Pero ustedes sí lo conocen, porque vive con ustedes y estará en ustedes» (v. 17).

Esto es algo crucial. El Espíritu Santo vive en ti, y puesto que es parte de la Trinidad —puesto que el Espíritu es Dios—, Jesús está permanentemente vinculado a ti por medio de su Espíritu. Dijo también: «Dentro de poco el mundo ya no me verá más, pero ustedes sí me verán. Y porque yo vivo, también ustedes vivirán. En aquel día ustedes se darán cuenta de que yo estoy en mi Padre, y ustedes en mí, y yo en ustedes» (vv. 19-20).

La esencia de estas promesas es que Dios está eternamente conectado con todos los que experimentan su salvación. El Espíritu vive dentro de nosotros y nos conecta permanentemente con el Padre y con el Hijo. Esta conexión es inquebrantable.

Cabe decir sin embargo, que —en ocasiones— nos *sentimos* como si Dios estuviera muy lejos. Habrá veces en que parece que no podemos oír su voz ni sentir su presencia. Pero en esos momentos, Jesús nos anima a acercarnos más todavía a él, a mover nuestra silla lo más cerca posible de la mesa. Entonces experimentaremos su amor y ánimo para fortalecer nuestra mente con la verdad de la promesa de Jesús: «Nunca te dejaré; jamás te abandonaré».

Considera lo siguiente

¿Cómo sueles responder cuando sientes que Dios está distante o es inalcanzable?

¿Qué pasos prácticos puedes dar para buscar activamente la presencia de Dios y escuchar su voz?

VERSÍCULO PARA MEMORIZAR

Nadie tiene amor más grande que
el dar la vida por sus amigos.

JUAN 15:13

Jesús guía a su iglesia

DÍA 43

Jesús es cabeza de la iglesia

Él es anterior a todas las cosas, que por medio de él
forman un todo coherente. Él es la cabeza del cuerpo,
que es la iglesia. Él es el principio, el primogénito
de la resurrección, para ser en todo el primero.
COLOSENSES 1:17-18

El edificio eclesial más antiguo del mundo se llama Dura Europos.
Está situado en Siria y fue construido alrededor del año 230 A. D.,
¡tan solo dos siglos después de la muerte y resurrección de Jesús! Dura
Europos ha estado en desuso durante varios siglos, pero los arqueó-
logos creen que el edificio se construyó como una vivienda antes de
convertirse en un espacio de reuniones de la iglesia. Esto sería con-
gruente, puesto que la mayoría de los cristianos de aquellos primeros
siglos se reunían en congregaciones domésticas.

Si quieres saber cuál es el edificio eclesial más antiguo en uso, se
trata posiblemente del monasterio de Mar Sarkis, también en Siria.
Construido a principios del siglo cuarto, Mar Sarkis ha estado en
funcionamiento como convento, monasterio y lugar de encuentros
durante más de diecisiete siglos. ¡Esto es casi el tiempo que Estados
Unidos existe como nación multiplicado *por siete*![1]

Cuando describo estas construcciones suelo usar de forma deliberada la palabra *edificio*. Siempre que pensamos en una iglesia, es crucial
recordar lo que es y lo que no es.

Concretamente, los edificios eclesiales no son la iglesia. Puede decirse que Dura Europos y Mar Sarkis son iglesias, sí, pero no *la iglesia*. Lo mismo se aplica a la basílica de San Pedro en Roma, a la abadía de Westminster en Londres, a la iglesia Passion City de Atlanta y Washington D. C., a la Primera Iglesia Bautista de Middletown o las congregaciones domésticas de China que se reúnen secretamente en sótanos.

La iglesia no es un edificio o conjunto de edificios, sino un grupo de personas.

Más concretamente, la iglesia es el conjunto de hombres y mujeres que han experimentado la salvación de Jesucristo tanto en este tiempo como a lo largo de la historia. Esto es importante. Lo que llamamos la iglesia no se limita a los seres humanos que viven hoy, en este momento. La iglesia comprende a todos los seguidores de Cristo de cada periodo de la historia humana: pasada, presente y futura.

Este grupo de individuos es lo que a menudo llamamos *el cuerpo de Cristo*. Y a la cabeza de dicho cuerpo está Cristo mismo. Jesús es cabeza de la iglesia.

¿Qué significa esto? Vamos a explorar esta pregunta durante los próximos días, pero la idea esencial es que Jesús actúa dentro de la iglesia igual que lo hace tu cabeza en relación con tu cuerpo. Jesús es el cerebro del grupo. Su mente y su voluntad establecieron la iglesia y la mantienen junta y cohesionada. Él la dirige.

Lamentablemente, a veces tu cuerpo hace cosas que tu cabeza no quiere. Piensa en la enfermedad, la torpeza, el envejecimiento, etcétera. Del mismo modo, muchas veces a lo largo de la historia —y muchas, muchas veces cada día— el cuerpo de Cristo no hace lo que su cabeza le ha ordenado.

Aun así, somos llamados a seguir adelante como iglesia y a seguir desarrollando la obra y voluntad de Jesús, lo cual requiere que fortalezcamos nuestra mente a la vez que procuramos obedecer la suya. Eso requiere que nos sometamos consistentemente a Cristo como cabeza de la iglesia.

Considera lo siguiente

¿Qué palabras usarías para referirte a tus experiencias recientes en edificios de la iglesia?

¿Cómo describirías o resumirías tu lugar dentro de la iglesia?

VERSÍCULO PARA MEMORIZAR

Ahora bien, ustedes son el cuerpo de Cristo,
y cada uno es miembro de ese cuerpo.

1 CORINTIOS 12:27

Jesús estableció la misión de la iglesia

Jesús se acercó entonces a ellos y les dijo:
—Se me ha dado toda autoridad en el cielo y en la tierra.
Por tanto, vayan y hagan discípulos de todas las naciones,
bautizándolos en el nombre del Padre y del Hijo y del
Espíritu Santo, enseñándoles a obedecer todo lo que les he
mandado a ustedes. Y les aseguro que estaré con ustedes
siempre, hasta el fin del mundo.
MATEO 28:18-20

Los líderes militares aluden con frecuencia a un concepto llamado *intención del comandante,* que es el objetivo general de una misión determinada o incluso de toda una batalla. Digamos que un general quiere retomar una ciudad ocupada por terroristas. El general daría órdenes específicas a cada tropa. «Primera unidad, cubran esta zona [...]. Segunda unidad, aseguren estas calles. Tercera unidad, tomen aquel emplazamiento de artillería». El comandante emite varias órdenes específicas, pero todas ellas forman parte de un solo objetivo: capturar y asegurar la ciudad. Esta es la intención del comandante.

Esto es importante, porque lo que los líderes militares planean que suceda no siempre coincide con lo que sucede realmente. A un grupo se le puede encomendar la misión de asegurar un edificio determinado, pero cuando llegan a la escena descubren que el mismo ha sido destruido. ¿Qué tienen que hacer en tal caso? El líder de la unidad pensará: *La intención del comandante es capturar esta ciudad, ¿qué, pues, podemos hacer para contribuir a este objetivo?*

Explico todo esto por lo que encontramos al final de Mateo 28 como la intención de Jesús para la iglesia. Es el objetivo general que Jesús nos ha llamado a conseguir como cuerpo suyo. En realidad, más que un llamamiento es una *orden*.

Observa que este mandamiento de Jesús comienza con una afirmación de su autoridad: «Se me ha dado toda autoridad en el cielo y en la tierra. Por tanto...». Como ya hemos visto en estas páginas, Jesús es Señor. Es supremo. Es el comandante, y dio estas órdenes en base a esa autoridad.

¿Cuáles son, pues, estas órdenes? Consideremos los verbos: «vayan», «hagan discípulos de todas las naciones», «bautizándolos», «enseñándoles». Esta es nuestra misión como iglesia, como cuerpo de Cristo.

Por supuesto, también tenemos órdenes específicas. Dios ha puesto, deliberadamente, a los cristianos de todo el mundo en determinadas comunidades para llevar a cabo objetivos específicos para Cristo. Jesús guía las circunstancias de nuestras vidas; trae personas a nuestra esfera de influencia por determinadas razones. Jesús tiene, también, determinadas tareas que debemos hacer cada día.

Aun así, habrá momentos en nuestra vida en que no estaremos seguros de lo que Jesús nos pide que hagamos para él. La buena noticia es que, en esos momentos, no tenemos que vacilar. No tenemos que esperar una señal de neón o un relámpago para seguir avanzando. Podemos concentrarnos en la intención del comandante que Cristo nos ha dado. Podemos ir a nuestras comunidades. Podemos buscar activamente oportunidades de hacer discípulos. Podemos bautizar a aquellos que han respondido al llamamiento de Dios. Y podemos buscar constantemente momentos para enseñar a aquellos que quieren aprender.

Considera lo siguiente

¿Qué objetivos o instrucciones específicas te está dando Jesús para esta semana?

¿Qué ves cuando miras tu vida bajo la óptica de la Gran Comisión en Mateo 28?

VERSÍCULO PARA MEMORIZAR

Ahora bien, ustedes son el cuerpo de Cristo,
y cada uno es miembro de ese cuerpo.

1 CORINTIOS 12:27

Jesús establece el ejemplo para la iglesia

A los ancianos que están entre ustedes, yo, que soy anciano como ellos, testigo de los sufrimientos de Cristo y partícipe con ellos de la gloria que se ha de revelar, les ruego esto: cuiden como pastores el rebaño de Dios que está a su cargo, no por obligación ni por ambición de dinero, sino con afán de servir, como Dios quiere.

No sean tiranos con los que están a su cuidado, sino sean ejemplos para el rebaño. Así, cuando aparezca el Pastor supremo, ustedes recibirán la inmarcesible corona de gloria.

1 PEDRO 5:1-4

En nuestro tiempo, hay muchos conceptos equivocados sobre los pastores de la iglesia. Por supuesto, uno de los más grandes es que estos solo trabajan un día a la semana. Otro error consiste en pensar que los pastores siempre lo tienen todo muy claro y siempre tienen confianza en sí mismos, en su vida espiritual y en el trabajo que hacen. Puedo decirte por experiencia personal que no es así. Los pastores experimentan la mayoría de las pruebas que aquejan a los demás miembros de la iglesia.

Pero la idea más destructiva que muchos tienen sobre los pastores es que somos los líderes de la iglesia. Esto es especialmente cierto en determinadas congregaciones. Por ejemplo, puede que haya personas que asisten a la iglesia Passion City, donde yo sirvo, que creen que yo soy el líder de nuestra iglesia. Tristemente, sé que algunos pastores se hacen eco de esta opinión y se consideran los líderes de sus comunidades locales.

Pero la realidad es esta: el líder de la iglesia es Jesús. Punto. Fin del asunto. ¡Tema zanjado! Como ya hemos visto, Jesús es la cabeza. Él dirige la iglesia. Es él quien establece el programa e impulsa todo lo que hace la iglesia.

De verdad, esta es la jerarquía que se establece en la Escritura. Esto es exactamente lo que describe el apóstol Pablo cuando escribe: «Imítenme a mí, como yo imito a Cristo» (1 Corintios 11:1). Pablo reconoce su papel como líder y expresa su deseo de vivir y trabajar como un ejemplo para los demás dentro de la iglesia. Pero la base del liderazgo de Pablo era su decisión de seguir a Jesús. Lo que significa que Jesús es el líder y Pablo es un seguidor dispuesto a servir de ejemplo a los demás discípulos.

Pedro dio las mismas instrucciones en 1 Pedro 5. Reconoce que Jesús es el «Pastor supremo». El cabeza de la iglesia. Él decide el programa. Acto seguido, Pedro instruye a los ancianos de la iglesia —los que ejercen roles de liderazgo en distintas congregaciones— a que sean «ejemplos para el rebaño». Es decir, Pedro quiere que los pastores con *p* minúscula de la iglesia imiten el ejemplo del Pastor supremo. Que protejan al rebaño. Que lo cuiden. Que se resistan a cualquier impulso hacia la avaricia, la soberbia o la apatía.

Y es aquí donde entramos tú y yo. Todos tenemos un grado de influencia que podemos invertir en la vida de otros. Todos tenemos la misión de hacer discípulos, ir, bautizar y enseñar. Lo cual significa que todos nosotros —tú, cualquier discípulo de Jesucristo y yo— tenemos la responsabilidad de pastorear a aquellos a quienes Dios ha puesto a nuestro alrededor.

¡La buena noticia es que podemos hacerlo! Puedes hacerlo. Puedes guiar a quienes te rodean con solo seguir el ejemplo de Jesús, tu buen pastor.

Considera lo siguiente

¿Quién está siguiendo tu ejemplo espiritual en este momento?

¿En qué cosas no estás siguiendo el ejemplo de Cristo?

VERSÍCULO PARA MEMORIZAR

Ahora bien, ustedes son el cuerpo de Cristo,
y cada uno es miembro de ese cuerpo.

1 CORINTIOS 12:27

Jesús unifica a la iglesia como su cuerpo

De hecho, aunque el cuerpo es uno solo, tiene muchos miembros, y todos los miembros, no obstante ser muchos, forman un solo cuerpo. Así sucede con Cristo. Todos fuimos bautizados por un solo Espíritu para constituir un solo cuerpo —ya seamos judíos o gentiles, esclavos o libres—, y a todos se nos dio a beber de un mismo Espíritu. Ahora bien, el cuerpo no consta de un solo miembro, sino de muchos.
1 CORINTIOS 12:12-14

El cuerpo humano es fascinante, en parte, por su increíble complejidad. De hecho, nuestro cuerpo es tan complejo que seguimos descubriendo cosas nuevas sobre él constantemente; ¡nuevos órganos incluso!

En el año 2018, los científicos descubrieron un nuevo órgano llamado intersticio. Se encuentra inmediatamente debajo de la piel y se estructura como una malla. Todavía no conocemos exactamente la función de este órgano, pero posiblemente actúa como una especie de amortiguador, especialmente para los demás órganos. La razón por la que el intersticio había pasado inadvertido durante tanto tiempo es que los científicos suelen deshidratar las platinas de los microscopios y las muestras antes de observarlas, y este nuevo órgano está lleno de líquido.[1] ¡Y tan solo dos años después, por increíble que parezca, los científicos descubrieron otro órgano humano! Son unas glándulas conocidas hoy como glándulas salivales tubariales, situadas detrás de la nariz y ocultas durante siglos dentro de los cartílagos. Su función principal parece ser lubricar la nariz y la zona superior de la garganta.[2]

Piensa en la cantidad de médicos y otros investigadores que estudian el cuerpo humano cada día. Piensa en la cantidad de pacientes que se han sometido a toda clase de intervenciones quirúrgicas a lo largo de los siglos. Y sin embargo, nuestros cuerpos son tan intrincados y su diseño tan increíble que seguimos descubriendo nuevas partes y piezas.

Como el cuerpo humano, también el cuerpo de Cristo es complejo. Tengo el privilegio de viajar a menudo, y me encanta la experiencia de hacer iglesia en otros países y culturas. Doy fe de la increíble belleza que existe en la extraordinaria diversidad de seguidores de Jesús por todo el planeta.

Desde sus distintas culturas las personas expresan su adoración de formas diferentes. He estado en ambientes donde todos se ponen a bailar y en otros con expresiones culturales más contenidas en los que nadie dice siquiera «amén» en voz alta. Y en cada cultura la iglesia se acerca a la misión de alcanzar su rincón del mundo de formas distintas.

Aunque todos tenemos las mismas enseñanzas bíblicas y confesamos a Jesús como Señor, hay distintos gustos, expresiones y estilos en cada lugar del mundo, y probablemente también dentro de tu propia iglesia.

Sin embargo, a pesar de las diferencias que encontramos en la iglesia y de su diversidad, estamos unidos. En concreto, estamos unidos por Jesús. Somos muchas partes, pero Cristo nos ha unido a todos en un solo cuerpo, una sola iglesia.

Como seguidor de Jesús, formas parte de este cuerpo. Eres miembro de esta iglesia. Lo cual significa que tienes la responsabilidad de procurar la unidad con otros cristianos, incluso y especialmente con aquellos que son distintos de ti. Hacerlo no solo te beneficia, sino que también trae gloria y honor a los seguidores de Jesús que tienen estilos, gustos y trasfondos distintos del tuyo.

Considera lo siguiente

Menciona algunas consecuencias de las divisiones y falta de unidad dentro de la iglesia.

¿Dónde ves iglesias o grupos de cristianos que hacen un buen trabajo en sus esfuerzos por la unidad?

VERSÍCULO PARA MEMORIZAR

Ahora bien, ustedes son el cuerpo de Cristo,
y cada uno es miembro de ese cuerpo.

1 CORINTIOS 12:27

DÍA 47

Jesús equipa a la iglesia

Él mismo constituyó a unos, apóstoles; a otros, profetas; a otros, evangelistas; y a otros, pastores y maestros, a fin de capacitar al pueblo de Dios para la obra de servicio, para edificar el cuerpo de Cristo. De este modo, todos llegaremos a la unidad de la fe y del conocimiento del Hijo de Dios, a una humanidad perfecta que se conforme a la plena estatura de Cristo.

EFESIOS 4:11-13

Nuestro mundo ha aprendido mucho sobre sí mismo durante la pandemia de COVID-19. Hemos aprendido mucho sobre quiénes somos, cómo respondemos a ciertas situaciones cuando estamos bajo presión y cómo tendemos a comunicarnos durante los periodos de dificultad. Aunque algunas de estas lecciones han sido positivas, otras no lo han sido tanto.

Una de las cosas más importantes que hemos aprendido como sociedad es que hemos de ser mucho más agradecidos con las personas que trabajan para que podamos cubrir nuestras necesidades. Hablo de los operarios de fábricas. De los transportistas, tanto los de distancias cortas como largas. De los reponedores del turno de noche y de los cajeros valientes. Estas personas y otras muchas son esenciales para suministrar los medios para que nuestra cultura funcione de la forma más eficiente posible.

Cuando miramos a la iglesia, la Escritura deja claro que esta necesita muchos recursos para cumplir su misión en el mundo como cuerpo de Cristo. Se requiere mucho combustible para mantener este tren corriendo sobre las vías. Y hemos de recordar que no somos los que estamos dentro de la iglesia quienes aportamos estos recursos o proveemos este combustible.

Es Jesús quien equipa a la iglesia con todo lo necesario para llevar a cabo su trabajo.

Uno de estos medios son las personas, como Pablo deja claro: «Él mismo constituyó a unos, apóstoles; a otros, profetas; a otros, evangelistas; y a otros, pastores y maestros, a fin de capacitar al pueblo de Dios para la obra de servicio». No cabe duda de que las personas son el recurso principal de la iglesia y el vehículo esencial por el que Jesús lleva a cabo su obra.

¿Ves la progresión? Jesús equipa a los líderes para que ministren dentro de su iglesia, y estos líderes equipan después a la propia iglesia «para la obra de servicio».

En otra carta a la iglesia, Pedro enseña que el «divino poder [de Jesús], al darnos el conocimiento de aquel que nos llamó por su propia gloria y excelencia, nos ha concedido todas las cosas que necesitamos para vivir como Dios manda» (2 Pedro 1:3). Y añadió:

> Precisamente por eso, esfuércense por añadir a su fe, virtud; a su virtud, entendimiento; al entendimiento, dominio propio; al dominio propio, constancia; a la constancia, devoción a Dios; a la devoción a Dios, afecto fraternal; y al afecto fraternal, amor. Porque estas cualidades, si abundan en ustedes, los harán crecer en el conocimiento de nuestro Señor Jesucristo, y evitarán que sean inútiles e improductivos (vv. 5-8).

Jesús equipa a su pueblo con «todas las cosas que necesitamos». Esto incluye medios materiales, como el dinero, pero también recursos inmateriales, como bondad, conocimiento, dominio propio, perseverancia, piedad y amor. Todas estas herramientas son necesarias para llevar a cabo nuestro trabajo dentro de la iglesia. Y todas estas herramientas las proporciona Cristo.

Recuerda esta verdad cuando te sientes a la mesa con Jesús. Él te ha equipado con muchos recursos, y lo ha hecho por una razón: «para edificar el cuerpo de Cristo».

Considera lo siguiente

¿Con qué recursos te ha equipado Jesús?

¿Dónde ves oportunidades para utilizar estos recursos dentro de tu congregación y comunidad?

VERSÍCULO PARA MEMORIZAR

Ahora bien, ustedes son el cuerpo de Cristo,
y cada uno es miembro de ese cuerpo.

1 CORINTIOS 12:27

DÍA 48

Jesús preserva a su iglesia

—Tú eres el Cristo, el Hijo del Dios viviente —afirmó Simón Pedro.

—Dichoso tú, Simón, hijo de Jonás —le dijo Jesús—, porque eso no te lo reveló ningún mortal, sino mi Padre que está en el cielo. Yo te digo que tú eres Pedro, y sobre esta piedra edificaré mi iglesia, y las puertas del reino de la muerte no prevalecerán contra ella.

MATEO 16:16-18

En abril de 2019, el mundo contempló horrorizado el incendio de la catedral de Notre Dame en París. El icónico edificio se había alzado orgulloso en el centro de París durante más de 850 años pero, de repente, sus admiradores de todas las naciones se enfrentaron a la posibilidad muy real de que Notre Dame pudiera quedar completamente destruida.

Afortunadamente, los bomberos y equipos de emergencia consiguieron preservar una buena parte de la catedral. Aun así, el edificio sufrió importantes daños. El foco del incendio se concentró en el tejado —una obra de arte—, que fue totalmente destruido. La icónica aguja de la catedral, construida con 500 toneladas de madera y 250 de plomo, se derrumbó, haciendo imposible su reparación. Muchas importantes reliquias y obras de arte quedaron dañadas o destruidas. Afortunadamente, no hubo que lamentar la pérdida de vidas durante el incendio.[1]

Como mencioné al comenzar esta sección, los edificios eclesiales no son la iglesia, sino las personas que forman el cuerpo de Cristo.

Sin embargo, es importante reconocer que la iglesia, como institución, puede ser objeto de ataques. De hecho, en este mundo, la iglesia *está* bajo el ataque de las fuerzas del mal, y *siempre* lo ha estado. Y del mismo modo que la catedral de Notre Dame fue salvada del incendio por los valientes esfuerzos de los equipos de emergencia, la iglesia como institución es constantemente salvada, protegida y preservada por el poder de Jesucristo.

Mateo 16 nos ofrece un interesante momento en el ministerio público de Jesús, siendo una de las raras ocasiones en que Jesús reconoció ser el Mesías, el Cristo. En palabras de Pedro: «Tú eres el Cristo, el Hijo del Dios viviente».

Pero después Jesús hizo dos importantes afirmaciones sobre la iglesia. Primero: «Yo te digo que tú eres Pedro, y sobre esta piedra edificaré mi iglesia». Es fácil perdernos en la maraña discutiendo sobre la roca a la que alude Jesús, pero hemos de resaltar la promesa que él hizo en aquel momento: *«[Yo] edificaré mi iglesia»*.

Sus palabras en aquel momento fueron categóricas. Al margen de lo que suceda o de los enemigos que se alineen contra ella, Jesús edificará su iglesia. Obsérvese el adjetivo «mi». Jesús no dijo que edificaría «una iglesia» o «la iglesia», sino «mi iglesia», y con ello hace suya la institución.

Su segunda afirmación es igual de potente: «y las puertas del reino de la muerte no prevalecerán contra ella». Esta es otra promesa con la que podemos contar. Sean cuales sean los enemigos que se enfrenten a la iglesia, o las fuerzas —internas o externas— que pretendan subvertirla, no prevalecerán.

Puesto que este mundo se dirige inexorablemente hacia el final de su historia, tarde o temprano Notre Dame caerá. Los edificios en que nos reunimos en la iglesia Passion City, como los de cualquier otra iglesia, se convertirán en polvo. Las organizaciones ministeriales subirán y caerán una y otra vez. Pero en medio de todo esto la iglesia permanecerá y se levantará como un testimonio de la fidelidad de Jesucristo.

Igual de importante: la iglesia está en pie ahora, y tú formas parte de ella. Formas parte del cuerpo de Cristo, y tienes una tarea que realizar para su crecimiento. Fortalece, pues, tu mente con la verdad de que Jesús te preservará, apoyará y bendecirá del mismo modo que ha preservado, sostenido y edificado su iglesia.

Considera lo siguiente

¿Qué tipo de ataques has visto sufrir a la iglesia de parte de sus enemigos?

¿De qué formas eres bendecido en este momento por la iglesia? ¿De qué formas estás contribuyendo a ella?

VERSÍCULO PARA MEMORIZAR

Ahora bien, ustedes son el cuerpo de Cristo,
y cada uno es miembro de ese cuerpo.

1 CORINTIOS 12:27

Jesús es nuestro camino al Padre

Jesús es nuestro sumo sacerdote

Por eso era preciso que en todo se asemejara a sus hermanos, para ser un sumo sacerdote fiel y misericordioso al servicio de Dios, a fin de expiar los pecados del pueblo. Por haber sufrido él mismo la tentación, puede socorrer a los que son tentados.

HEBREOS 2:17–18

Dedica un momento a pensar en aquellos objetos de tu hogar que fueron especiales para ti durante tu infancia. Me refiero a aquel sofá sobre el que no te permitían saltar. O a esa vajilla de porcelana que solo usaban durante las festividades o cuando la familia tenía importantes invitados a comer. O puede que tu familia tuviera algunas antigüedades heredadas de generaciones anteriores y que, por ello, no te permitieran jugar de ciertas formas en casa.

¿Recuerdas esos objetos especiales? Los menciono porque quiero que pensemos en algo apartado y reservado para un propósito y función especiales. En muchos sentidos, es así como la Escritura comunica e ilustra el papel de los sacerdotes en el mundo antiguo.

El libro de Levítico explora el sistema de sacrificios establecido por Dios para su pueblo, los israelitas. El libro entero es una fascinante lectura llena de impactantes imaginerías y simbolismos, pero quiero centrarme por un momento en el día en que Dios, por medio de Moisés, ordenó a los primeros sacerdotes para que trabajaran dentro de ese sistema. Cuando leemos el capítulo 8 de Levítico, vemos que Moisés sacrifica un toro y dos carneros. Después invierte todo un día para consagrar toda una serie de elementos para su uso exclusivo en el servicio de Dios: el tabernáculo, el altar, las distintas herramientas y objetos usados para los sacrificios, etcétera. Moisés roció todas esas cosas con la sangre del toro y los carneros como una forma de apartarlos. De ordenarlos. De santificarlos.

Moisés hizo lo mismo con aquellos primeros sacerdotes: «Moisés tomó un poco del aceite de la unción y de la sangre del altar, y roció a Aarón y a sus hijos, junto con sus vestiduras. Así consagró Moisés a Aarón y a sus hijos, junto con sus vestiduras» (Levítico 8:30).

Si alguna vez has intentado limpiar una mancha de aceite de alguna prenda, ya sabes lo difícil que es. Pero si lo has intentado con una mancha de sangre, sabes que es casi imposible. ¡Y de eso se trataba exactamente! Igual que, probablemente, tienes un plato rojo especial y apartado del resto de tu vajilla, los sacerdotes estaban apartados del resto de los israelitas. Eran ordenados mediante la sangre. Santificados.

El libro de Hebreos dedica mucho espacio a mostrar que lo mismo sucede con Jesús. Él es nuestro «sumo sacerdote fiel y misericordioso al servicio de Dios». Jesús estaba y está apartado para un papel y propósito especiales. Ordenado. Santificado. Y fue apartado por el derramamiento de su propia sangre.

Y ahora viene lo mejor. Los sacerdotes del Antiguo Testamento no eran solo apartados para servir a Dios, sino también y principalmente eran separados de su comunidad en un sentido muy práctico. Los sacerdotes tenían sus casas. Pasaban la mayor parte de su jornada laboral en el templo. Estaban alejados en gran medida de las personas normales y corrientes.

Pero eso no es lo que hizo Jesús. Tu sumo sacerdote está muy cerca de ti. Nunca se aleja. Nunca está distante. Se encuentra junto a ti para afirmar tu mente, fortalecer tu corazón y mantenerte fuerte en la fe.

Considera lo siguiente

¿Qué herramientas u objetos tienes en casa apartados para alguna función específica?

¿Por qué son los sufrimientos y la humanidad de Jesús un importante elemento de su papel como sumo sacerdote?

VERSÍCULO PARA MEMORIZAR

Porque hay un solo Dios y un solo mediador entre Dios y los hombres, Jesucristo hombre, quien dio su vida como rescate por todos.

1 TIMOTEO 2:5-6

DÍA 50

Jesús es el mediador entre Dios y la humanidad

Esto es bueno y agradable a Dios nuestro Salvador, pues él quiere que todos sean salvos y lleguen a conocer la verdad. Porque hay un solo Dios y un solo mediador entre Dios y los hombres, Jesucristo hombre, quien dio su vida como rescate por todos. Este testimonio Dios lo ha dado a su debido tiempo.
1 TIMOTEO 2:3-6

Antes de seguir explorando la realidad de Jesús como sumo sacerdote dentro del reino de Dios, quiero reconocer que, en el mundo de hoy, la palabra *sacerdote* tiene muchas connotaciones y acepciones. Algunas personas oyen esta palabra y piensan en hombres mayores con túnicas llenas de florituras. Para otros evoca un sentimiento de lobreguez y gravedad. Por supuesto, algunos lo relacionan con bobadas o supersticiones. Y, trágicamente, a muchos la palabra *sacerdote* les trae traumáticos recuerdos de abusos y vergüenza.

Sin embargo, para esta reflexión es importante que tengamos en cuenta concretamente la idea bíblica del sacerdocio. Como vimos ayer, los sacerdotes de que hablan las Escrituras eran apartados para servir a Dios. Eran santificados.

Puede que te preguntes: *¿Apartados para qué? ¿Qué hacían realmente los sacerdotes?* La respuesta apunta a la segunda realidad sobre los sacerdotes de la Biblia, y es que estos actuaban principalmente como mediadores entre Dios y la humanidad. Más en concreto, intercedían ante Dios a favor del pueblo cumpliendo los requisitos de Dios para el perdón de los pecados.

Ya lo sé; ¡otra vez la palabra *pecado*! Como antes hemos visto, todas las personas están corrompidas por el pecado, y esta es la razón por la que todas las personas comienzan su vida en un estado de separación de Dios. Dios nos creó para que disfrutáramos de una relación personal con él, para que la necesitáramos incluso, y el pecado nos separa de ella.

Y es aquí donde entran los sacerdotes. El Antiguo Testamento muestra que los sacerdotes eran apartados dentro de su comunidad para la función concreta de tratar con el pecado. Ayudaban a las personas a ofrecer los sacrificios que Dios requería para la expiación de sus pecados, para ser perdonados. Naturalmente, esos sacrificios eran imperfectos porque eran ofrecidos por personas imperfectas. Esta es la razón por la que todos, también los sacerdotes, tenían que seguir haciendo los mismos sacrificios año tras año.

Ahí es donde interviene Jesús. Como los sacerdotes del Antiguo Testamento, Jesús fue apartado para ayudar a la humanidad a tratar con el problema del pecado, haciéndose mediador entre Dios y las personas. Él actúa a nuestro favor.

A diferencia de los sacerdotes del Antiguo Testamento, Jesús está limpio de pecado. Como hemos visto en estas páginas, Jesús es puro. Supremo. Plenamente Dios, aun cuando es también plenamente hombre. Por ello, cuando Jesús asume el papel de mediador a favor nuestro, lo hace salvando de manera perfecta la distancia que existe entre la humanidad y Dios.

Sin embargo, el enemigo quiere que creas que Dios está en algún lugar de los confines más lejanos del universo. Distante. Apartado. Indiferente. Naturalmente, esto es mentira.

La verdad es que Jesús se esfuerza constantemente en llevarte a una conexión más profunda con él. Con Dios. Jesús está intercediendo sin cesar a tu favor, porque es tu mediador y nuestro gran sumo sacerdote.

Considera lo siguiente

¿Dónde ves hoy mediadores en acción dentro de nuestra sociedad?

¿Por qué es tan crucial entender que hay solo un mediador entre Dios y nosotros?

VERSÍCULO PARA MEMORIZAR

Porque hay un solo Dios y un solo mediador
entre Dios y los hombres, Jesucristo hombre,
quien dio su vida como rescate por todos.

1 TIMOTEO 2:5 6

DÍA 51

Jesús es nuestra expiación

Pues todos han pecado y están privados de la gloria de Dios, pero por su gracia son justificados gratuitamente mediante la redención que Cristo Jesús efectuó. Dios lo ofreció como un sacrificio de expiación que se recibe por la fe en su sangre, para así demostrar su justicia. Anteriormente, en su paciencia, Dios había pasado por alto los pecados.

ROMANOS 3:23-25

He dicho antes que el libro de Levítico está lleno de poderosos y ricos simbolismos, y el capítulo 16 describe el primer ejemplo de lo que conocemos como Día de la Expiación o Yom Kippur. Aquel día, el sumo sacerdote tenía el encargo de realizar varios rituales y sacrificios para expiar sus pecados y los de la comunidad.

La traducción literal de la palabra *expiación* en hebreo es «cubrir», y en relación con estos sacrificios conlleva la idea de algo que se cubre con sangre. Cuando se derramaba la sangre de un animal, aquel sacrificio cubría los pecados del pueblo. En la práctica, pues, expiación significa que se ha pagado un precio para conseguir el perdón.

El Día de la Expiación, el sumo sacerdote hacía sacrificios y participaba en rituales de purificación y otras ceremonias que eran corrientes en el sistema de sacrificios del Antiguo Testamento. Pero hay un elemento de los rituales que me parece especialmente fascinante y que se llevaba a cabo con dos machos cabríos. El primero era sacrificado y su sangre se usaba para rociar el arca del pacto. Pero el segundo tenía un destino distinto: «y [el sumo sacerdote] le impondrá las manos sobre la cabeza. Confesará entonces todas las iniquidades y transgresiones de los israelitas, cualesquiera que hayan sido sus pecados» (Levítico 16:21). Acto seguido, se soltaba al macho cabrío en una remota zona del desierto para que el animal se alejara con los pecados del pueblo. (Por cierto, este ritual es el que da origen a nuestra expresión *chivo expiatorio*).

La razón por la que ese ritual con los dos machos cabríos me parece tan fascinante es que ambos elementos apuntan a la muerte de Jesús. En primer lugar, Jesús es como el segundo macho cabrío en el sentido de que él llevó los pecados de la humanidad sobre sí mismo. Y no solo los pecados de su comunidad local, sino los de todo el mundo. Y no solo los pecados de las personas de su tiempo, sino los de cada ser humano que jamás haya existido o vaya a existir. Y ciertamente, Jesús llevó todos esos pecados a un lugar remoto y distante: ¡los llevó al sepulcro! En segundo lugar, Jesús es como el primer macho cabrío en el sentido de que murió por nosotros y su sangre cubrió nuestros pecados.

El apóstol Pablo relaciona el sacrificio de Jesús con el Día de la Expiación cuando escribe: «Dios lo ofreció como un sacrificio de expiación que se recibe por la fe en su sangre». En un sentido muy real, Jesús es nuestra expiación. Él es el que nos cubre y el precio que se pagó por nuestro perdón.

Lo importante es que, aunque los rituales del Día de la Expiación se llevaban a cabo una vez al año, el sacrificio de Jesús fue ofrecido «una sola vez y para siempre» (Hebreos 7:27). La expiación que recibimos por medio de Jesús es permanente. Eterna. Una vez más, ¡qué gran regalo!

El enemigo quiere que creas que cada vez que pecas o cometes un error te estás separando otra vez de Dios. Quiere que pienses que tienes que conseguir una y otra vez el favor de Dios, su perdón.

La verdad es que Jesús es la permanente expiación de tus pecados. Cuando lo tienes a él, no necesitas ninguna otra cosa.

Considera lo siguiente

¿De qué formas los cristianos intentan hoy ganarse una y otra vez el perdón de Dios?

¿De qué formas puedes expresarle tu agradecimiento y alabanza a Jesús esta semana?

VERSÍCULO PARA MEMORIZAR

Porque hay un solo Dios y un solo mediador entre Dios y los hombres, Jesucristo hombre, quien dio su vida como rescate por todos.

1 TIMOTEO 2:5-6

DÍA 52

Jesús estableció un sacerdocio superior

Tenemos como firme y segura ancla del alma una esperanza que penetra hasta detrás de la cortina del santuario, hasta donde Jesús, el precursor, entró por nosotros, llegando a ser sumo sacerdote para siempre, según el orden de Melquisedec.

HEBREOS 6:19-20

En muchos sentidos, el sistema sacrificial del Antiguo Testamento era improductivo y no generaba muchos cambios en la vida de quienes lo practicaban. Como hemos visto, el pueblo judío del mundo antiguo seguía una ley que les obligaba a ofrecer los mismos sacrificios año tras año, década tras década, siglo tras siglo. Imagino que debían parecerles un tanto repetitivos. Puede que incluso un poco inútiles.

De hecho, *eran* inútiles. Dios nunca pretendió que los sacrificios de animales fueran la solución al problema de nuestro pecado. La ley del Antiguo Testamento fue concebida para ayudarnos a reconocer nuestro pecado y nuestra incapacidad para resolver dicho problema por nosotros mismos. Como dice Pablo: «Por tanto, nadie será justificado en presencia de Dios por hacer las obras que exige la ley; más bien, mediante la ley cobramos conciencia del pecado» (Romanos 3:20).

De hecho, el sistema veterotestamentario de sacrificios fue concebido desde el principio para ser sustituido por un nuevo sistema bajo un nuevo sumo sacerdote: Jesús, nuestro Salvador.

En Hebreos 6 y 7, la Escritura explica la transición entre el antiguo sacerdocio, representado por Aarón y sus hijos, y el nuevo sacerdocio, representado por un misterioso personaje llamado Melquisedec. La Escritura introduce a Melquisedec por primera vez en Génesis 14 como «rey de Salén» (v. 18). Este se apareció a Abraham, quien le dio un diezmo de todos sus recursos.

No sabemos mucho más sobre Melquisedec, pero sí que su nombre significa «rey de justicia» y su título (rey de Salén), «rey de paz». El autor de Hebreos le describe de este modo: «No tiene padre ni madre ni genealogía; no tiene comienzo ni fin, pero a semejanza del Hijo de Dios, permanece como sacerdote para siempre» (7:3). Eso significa que Melquisedec era un tipo de Cristo, alguien que prefiguraba a Jesús.

Después, un poco más adelante, David escribió un salmo con una profecía sobre el Mesías que había de venir: «El Señor ha jurado y no cambiará de parecer: "Tú eres sacerdote para siempre, según el orden de Melquisedec"» (110:4). Naturalmente, David vislumbraba a su descendiente Jesús, por lo que declaró que el Mesías sería un sacerdote que no vendría de la tribu de Leví, que en el Antiguo Testamento era la tribu sacerdotal, sino del orden de Melquisedec.

Todo parece un poco complejo ¡porque lo es! Estamos hablando de que Jesús cumplió con el sacerdocio veterotestamentario y, al mismo tiempo, puso en marcha algo completamente nuevo. Pero es importante porque Jesús satisface nuestras necesidades en formas que el antiguo sacerdocio no podría hacerlo nunca. Jesús es santo e irreprensible, lo cual significa que está separado de la realidad del pecado. No necesita que alguien que esté por encima de él expíe sus pecados porque es puro. Pero lo más importante es que el sacrificio de Jesús es totalmente suficiente. Para todos los tiempos y personas.

En pocas palabras, Jesús es el sumo sacerdote que necesitamos. Él es superior a cualquier otro sistema religioso porque ofrece todo lo que necesitamos. Y lo ofrece de forma completa y gratuita. No pases por alto esta oferta. No dejes que el enemigo te susurre que lo que Jesús te ofrece no es suficiente, que no necesitas la oferta o que no lo necesitas a él. Porque lo cierto es que te hace falta.

Considera lo siguiente

¿Qué te ayuda a ver y reconocer tu necesidad de Dios?

¿Por qué necesitamos los seres humanos a Jesús como sumo sacerdote?

> ### VERSÍCULO PARA MEMORIZAR
>
> Porque hay un solo Dios y un solo mediador entre Dios y los hombres, Jesucristo hombre, quien dio su vida como rescate por todos.
>
> **1 TIMOTEO 2:5-6**

DÍA 53

Jesús estableció un pacto superior

También tomó pan y, después de dar gracias, lo partió, se lo dio a ellos y dijo:

—Este pan es mi cuerpo, entregado por ustedes; hagan esto en memoria de mí.

De la misma manera tomó la copa después de la cena, y dijo:

—Esta copa es el nuevo pacto en mi sangre, que es derramada por ustedes.

LUCAS 22:19-20

¿Cuándo fue la última vez que participaste en un pacto? Si piensas que la respuesta es nunca, puede que te sorprendas. Si estás casado, por ejemplo, has hecho un pacto. Si has comprado una casa o un automóvil, has hecho un pacto. Si has hecho alguna clase de promesa o contraído un compromiso legal, has hecho un pacto, porque esto es exactamente lo que es un pacto: un acuerdo oficial legalmente vinculante.

Cuando comencé a leer la Biblia en serio, una de las cosas que me llamó la atención fue la gran cantidad de pactos que registra. De hecho, de muchas maneras, la Biblia es una cadena de pactos —acuerdos vinculantes— entre Dios y la humanidad.

Esta cadena comienza con el diluvio, cuando Dios establece un pacto con Noé y su familia prometiéndole que no volvería a destruir la tierra con agua. Después se produjo el que los eruditos llaman pacto abrahámico, que es realmente una serie de pactos. En Génesis 15, Dios promete darles a Abraham y a sus descendientes la tierra de Israel.

En Génesis 17, Dios establece con el patriarca el pacto de la circuncisión y le promete que será padre de muchas naciones. Dios lo describe como un «pacto perpetuo» (v. 7).

A continuación, Dios extiende este pacto impartiendo la ley a Moisés: los diez mandamientos y el resto de las leyes registradas en Levítico y Deuteronomio. «Después tomó el libro del pacto y lo leyó ante el pueblo, y ellos respondieron: "Haremos todo lo que el Señor ha dicho, y le obedeceremos"» (Éxodo 24:7). Curiosamente, este pacto fue sellado con sangre.

Dando un salto hacia delante de unos mil años más o menos, Dios añadió un pacto con David. Dios prometió un Salvador de la descendencia de David diciendo: «Será él quien construya una casa en mi honor, y yo afirmaré su trono real para siempre» (2 Samuel 7:13).

Dios, evidentemente, estableció todos estos pactos con los israelitas, su pueblo escogido. Y puesto que eran seres humanos, violaron su parte del trato. Incumplieron su promesa de ser fieles a Dios, y este incumplimiento les acarreó muchas consecuencias.

Después sucedió algo completamente inesperado. Hablando por medio del profeta Jeremías, Dios declaró la inminencia de un «nuevo pacto». Un acuerdo totalmente distinto del que Dios estableció con Abraham y Moisés, y que la humanidad había incumplido. Era un pacto en el que Dios escribiría su ley no en tablas de piedra sino en nuestros corazones. Un pacto en el que «todos, desde el más pequeño hasta el más grande, me conocerán —afirma el Señor—» (Jeremías 31:34).

Este es el pacto del que habló Jesús durante su última cena con los discípulos: «Esta copa es el nuevo pacto en mi sangre, que es derramada por ustedes». En este nuevo pacto Jesús es el sumo sacerdote, algo que ya hemos considerado, y esto es lo que hace que este pacto sea superior al antiguo, puesto que se fundamenta completamente en su muerte y resurrección. Jesús lleva toda la carga de este acuerdo legal entre Dios y la humanidad. Él asume todo el riesgo.

Y esto significa que nosotros no asumimos ninguno.

Considera lo siguiente

¿De qué pactos (acuerdos legales) formas parte en este momento?

¿Qué se requiere para que las personas participen en este nuevo pacto con Cristo?

VERSÍCULO PARA MEMORIZAR

Porque hay un solo Dios y un solo mediador
entre Dios y los hombres, Jesucristo hombre,
quien dio su vida como rescate por todos.

1 TIMOTEO 2:5-6

DÍA 54

Jesús nos designó sacerdotes

Pero ustedes son linaje escogido, real sacerdocio, nación santa, pueblo que pertenece a Dios, para que proclamen las obras maravillosas de aquel que los llamó de las tinieblas a su luz admirable. Ustedes antes ni siquiera eran pueblo, pero ahora son pueblo de Dios; antes no habían recibido misericordia, pero ahora ya la han recibido.

1 PEDRO 2:9-10

Jaime Maldonado-Avilés estuvo años trabajando con diligencia y sacrificándose voluntariamente para triunfar en el mundo de la ciencia. ¡Y vaya si lo consiguió! Después de estudiar biología en la Universidad de Puerto Rico, obtuvo un doctorado en la Universidad de Pittsburgh. Después dedicó seis años a un programa de postgrado en Yale, situándose a la vanguardia de la neurociencia. Todo parecía indicar que la suya iba a ser una carrera larga y llena de logros.

Pero Maldonado-Avilés tomó una decisión que sorprendió a todos, incluso a sí mismo. Dejó su prestigiosa carrera para prepararse para el sacerdocio. ¿Su razón? «Esta constante intuición —casi diría molesta— de que quizá Dios me llamaba a servir de un modo distinto».[1]

Hablando de sorpresas, voy a decirte algo que quizá te sorprenda un poco: también tú eres un sacerdote. ¡Es verdad! Aunque no lleves sotana o alzacuellos, si tienes una relación personal con Jesucristo, eres un sacerdote en su reino.

Como hemos visto antes en esta misma sección, Jesús es el sumo sacerdote dentro del reino de Dios. Él sirve de mediador entre Dios y la humanidad, y lo hace basándose en un nuevo pacto que completa el sistema de sacrificios del Antiguo Testamento y lo sustituye. Cuando combinamos todas estas cosas, la conclusión es que Jesús es el eje de nuestra vida; y no solo en el aspecto *espiritual*, sino en todo lo que hacemos. Todo lo que somos y todo lo que hacemos se basa en Cristo.

Este es el problema: muchas personas piensan que el cristianismo es seguir a Jesús y esto es, en parte, correcto. Pero hay más. Estamos llamados a servir a Jesús en su reino. Y una de las formas en que lo hacemos es actuando como sus sacerdotes.

¿Cómo se hace esto? Recordemos que los sacerdotes del Antiguo Testamento ofrecían sacrificios como una forma de tratar el problema del pecado. Aunque nosotros no ofrecemos toros y corderos, seguimos ofreciendo sacrificios a Dios: nuestras vidas. Pablo dijo: «Por lo tanto, hermanos, tomando en cuenta la misericordia de Dios, les ruego que cada uno de ustedes, en adoración espiritual, ofrezca su cuerpo como sacrificio vivo, santo y agradable a Dios» (Romanos 12:1).

Los sacerdotes del Antiguo Testamento eran también llamados a dirigir a su comunidad en la adoración a Dios. De igual modo, la Escritura dice que todos los que sirven a Jesús son un «real sacerdocio» y una «nación santa». Somos «pueblo que pertenece a Dios, para [proclamar] las obras maravillosas de aquel que los llamó de las tinieblas a su luz admirable».

Por último, los sacerdotes del Antiguo Testamento representaban a Dios ante su comunidad. Eran embajadores, enlaces. La Biblia dice también: «somos embajadores de Cristo, como si Dios los exhortara a ustedes por medio de nosotros» (2 Corintios 5:20). Somos llamados a servir a Jesús engrandeciendo su nombre y representándole ante todas las personas.

Todo esto es para decir que eres un sacerdote. Decide, pues, fortalecer tu mente y pasar todo el tiempo que puedas a la mesa con Jesús, para poder así servirle bien.

Considera lo siguiente

¿Cómo respondes a la idea de que eres un sacerdote?

¿De qué formas estás llevando a cabo la tarea sacerdotal? ¿De qué formas no lo estás haciendo?

VERSÍCULO PARA MEMORIZAR

Porque hay un solo Dios y un solo mediador entre Dios y los hombres, Jesucristo hombre, quien dio su vida como rescate por todos.

1 TIMOTEO 2:5-6

Jesús es nuestro Redentor

Jesús es el Cordero

Al día siguiente Juan vio a Jesús que se acercaba a él, y dijo: «¡Aquí tienen al Cordero de Dios, que quita el pecado del mundo! De este hablaba yo cuando dije: "Después de mí viene un hombre que es superior a mí, porque existía antes que yo". Yo ni siquiera lo conocía, pero, para que él se revelara al pueblo de Israel, vine bautizando con agua».

JUAN 1:29-31

Aquel día en el río Jordán fue interesante. Más aún, apasionante. De hecho, fue un día que marcó una transición crucial entre los caminos antiguos y los nuevos.

Pongamos un poco de contexto. El profeta que conocemos como Juan el Bautista era un hombre indómito en todos los sentidos. Como en el caso de Jesús, el nacimiento de Juan fue un episodio milagroso, con una concepción poco probable y una visita del ángel Gabriel. A diferencia de Jesús, muchas personas supieron del nacimiento de Juan y de las circunstancias que lo rodearon. Esto fue porque Juan era hijo de un sacerdote, una persona conocida. Y porque los milagros relacionados con el nacimiento de Juan fueron presenciados por otras personas conocidas de Jerusalén en vez de por los pastores de los montes de Belén.

A pesar de su glamuroso comienzo, Juan dio un extraño giro a su vida al hacerse mayor. En lugar de seguir los pasos de su padre como sacerdote, Juan se marchó al desierto y vivió por la zona del Jordán, a unos treinta kilómetros al este de Jerusalén. Quizá por su espectacular nacimiento, muchos comenzaron a visitar a Juan en el desierto para escuchar lo que tenía que decir. Y Juan tenía mucho que decir. Su predicación era fogosa y apasionada, instando a las personas a confesar sus pecados y a bautizarse como una señal de su renovado compromiso con Dios. Juan hablaba a menudo contra la hipocresía de los fariseos y otros líderes religiosos, llamándoles «¡Camada de víboras!» (Mateo 3:7).

Un día, Jesús vino con las multitudes para escuchar a Juan y entró en el río para que Juan lo bautizara. Lo que sucedió después debió de dejar a todos estupefactos *menos a* Jesús: «[...] se abrió el cielo, y el Espíritu Santo bajó sobre él en forma de paloma. Entonces se oyó una voz del cielo que decía: "Tú eres mi Hijo amado; estoy muy complacido contigo"» (Lucas 3:21-22).

De manera que sí, fue un día interesante. Lo que la gente no entendió era que Dios Padre acababa de lanzar el ministerio de Jesús, su Hijo. La misma voz que creó el universo hablaba ahora de forma audible para declarar que la misión de Jesús estaba en pleno apogeo y que Dios se complacía en él.

Pero Juan sí entendió lo que estaba sucediendo. Se había preparado toda su vida para aquel momento. Por ello, cuando Juan vio de nuevo a Jesús, clamó: «¡Aquí tienen al Cordero de Dios, que quita el pecado del mundo!».

Si tú y yo hubiéramos estado en la ribera del Jordán aquel día, puede que nos hubiéramos sentido confusos por aquella declaración. *¿Cordero de Dios?*, nos habríamos preguntado. *¿Por qué cordero? ¿Por qué no oso o león? Un animal más fuerte y peligroso.*

No. La palabra que usó Juan era perfecta. Jesús es el Cordero porque es puro. Sin mancha. Inocente. Y Jesús es el «Cordero de Dios» porque vino a nuestro mundo a ofrecerse como sacrificio, a derramar su sangre por ti y por mí.

Es cierto que Jesús quita el pecado del mundo en general, pero específicamente quita tu pecado. Todo tu pecado. Cuando te sientas con él a la mesa de tu corazón, puedes llevarle todos aquellos actos incorrectos, violentos, innobles, engañosos, amargos, mezquinos o egoístas. Puedes presentarle todas estas cosas y él las tomará y te limpiará.

Considera lo siguiente

Menciona otros títulos o características que se apliquen a Jesús.

¿Cómo apuntan estos títulos o características a Jesús como cordero?

VERSÍCULO PARA MEMORIZAR

Como bien saben, ustedes fueron rescatados de la vida absurda que heredaron de sus antepasados. El precio de su rescate no se pagó con cosas perecederas, como el oro o la plata, sino con la preciosa sangre de Cristo, como de un cordero sin mancha y sin defecto.

1 PEDRO 1:18-19

DÍA 56

Jesús es el Cordero pascual

Esa misma noche pasaré por todo Egipto y heriré de muerte a todos los primogénitos, tanto de personas como de animales, y ejecutaré mi sentencia contra todos los dioses de Egipto. Yo soy el Señor. La sangre servirá para señalar las casas donde ustedes se encuentren, pues al verla pasaré de largo. Así, cuando hiera yo de muerte a los egipcios, no los tocará a ustedes ninguna plaga destructora.
ÉXODO 12:12-13

Es posible que la noche pascual haya sido la más aterradora de la historia humana. No solo porque murieron personas, o porque estas enfrentaron un misterioso enemigo que eran incapaces de ver, tocar o resistir. No, la razón de que aquella noche fuera tan sombría, terrible y aterradora es que Dios derramó su ira contra toda una nación, y las consecuencias fueron devastadoras.

El contexto de la Pascua es el tiempo de Moisés y las diez plagas, y el éxodo de los israelitas de Egipto. Moisés había estado enfrentando a Faraón, pidiéndole que dejara libre al pueblo de Dios. Faraón se había resistido a la demanda de Moisés a pesar de la abrumadora presión y el innegable poder de las plagas de Dios: sangre, ranas, mosquitos, moscas, muerte del ganado, forúnculos, granizo, langostas e incluso el oscurecimiento del sol.

Aquella noche fue el último asalto de aquella lucha. Dios visitó Egipto dispuesto a asestar el golpe definitivo.

Sin embargo, antes de hacerlo, Dios mandó una advertencia a su pueblo por medio de Moisés, ordenando que cada familia degollara un cordero al atardecer. «Tomarán luego un poco de sangre y la untarán en los dos postes y en el dintel de la puerta de la casa donde coman el cordero» (Éxodo 12:7). Dios prometió pasar por alto las casas cubiertas por la sangre del cordero y salvar del terror de la muerte a quienes se refugiaran en su interior.

¡Qué momento histórico tan impactante y qué ejemplo tan importante de prefiguración espiritual! Específicamente, la Pascua apuntaba al momento, miles de años más tarde, en que Jesús —el Cordero de Dios— derramaría su sangre en la cruz para cubrir los pecados de la humanidad.

Es importante notar que los israelitas no podían sacrificar cualquier cordero para la Pascua. Tenían que escoger un animal «sin defecto» (v. 5). Eso significaba que el animal escogido debía estar lo más cerca posible de la perfección como cordero. Del mismo modo, el sacrificio de Jesús no habría conseguido nada para la humanidad si fuera solo una buena persona o incluso una gran persona. No, tenía que ser perfecto, inmaculado, para que su sangre cubriera nuestras transgresiones.

Observa también que el sacrificio en sí no era suficiente para proteger a los israelitas durante la Pascua. Si cualquiera de ellos se hubiera limitado a matar un cordero, no habrían sido librados de la muerte. Tenían que aplicar la sangre a las jambas de sus casas. De igual modo, nosotros perderemos la increíble bendición del sacrificio de Jesús si no aplicamos su sangre a nuestras vidas, si no recibimos la expiación que se nos ofrece.

Jesús es el Cordero de Dios que quita no solo el pecado del mundo, sino nuestro pecado personal. El tuyo y el mío. Y al hacerlo, nos protege de la muerte espiritual. Eso significa que no tienes que temer al enemigo. No ahora que, de una vez y para siempre, entraste en la eternidad. Estás protegido por la sangre de Cristo.

Considera lo siguiente

¿Qué significa aplicar la sangre de Jesús a nuestra vida?

¿De qué formas necesitas en este momento la protección de Jesús en tu vida?

VERSÍCULO PARA MEMORIZAR

Como bien saben, ustedes fueron rescatados de la vida absurda que heredaron de sus antepasados. El precio de su rescate no se pagó con cosas perecederas, como el oro o la plata, sino con la preciosa sangre de Cristo, como de un cordero sin mancha y sin defecto.

1 PEDRO 1:18-19

DÍA 57

Jesús sufrió en nuestro lugar

Maltratado y humillado, ni siquiera abrió su boca; como cordero, fue llevado al matadero; como oveja, enmudeció ante su trasquilador; y ni siquiera abrió su boca.

ISAÍAS 53:7

Tengo el privilegio de hablar con muchas personas sobre Jesús. Sin duda, algunas de estas oportunidades se deben a mi tarea como pastor. Pero también siento mucha carga por aquellas personas que todavía no han encontrado a Cristo. De modo que, siempre que tengo ocasión de compartir las buenas nuevas del evangelio, la aprovecho.

Como es natural, no todas las personas quieren escucharme. Y si tuviera que hacer una lista de las razones por las que la gente está cerrada al mensaje del evangelio, creo que el sufrimiento sería una de las primeras. A las personas les es muy difícil comprender que, si Dios existe, haya tanto sufrimiento en el mundo. Les cuesta mucho aceptar *su* sufrimiento personal si Dios es bueno. El sufrimiento es un escollo importante.

Entiendo esos sentimientos. Yo también me he enfrentado a estas cuestiones. Pero hay algo que a menudo olvidamos cuando se trata de este tema del sufrimiento, y es que también Jesús sufrió. De hecho, él sufrió de un modo que no lo ha hecho ninguna otra persona de la historia humana. Y soportó voluntariamente este sufrimiento por amor a ti y a mí.

Isaías 53 es una profecía sobre el Mesías, y estoy seguro de que debe haber confundido a los lectores del mundo antiguo durante siglos porque no describe al Mesías del modo en que esperaba la mayoría, como un rey triunfante, sino como un siervo sufriente.

«Ciertamente él cargó con nuestras enfermedades y soportó nuestros dolores, pero nosotros lo consideramos herido, golpeado por Dios, y humillado» (v. 4). Esta profecía contiene detalles muy sorprendentes por su exactitud para quienes tenemos el privilegio de la retrospectiva: «Él fue traspasado por nuestras rebeliones, y molido por nuestras iniquidades; sobre él recayó el castigo, precio de nuestra paz, y gracias a sus heridas fuimos sanados» (v. 5).

No hay duda de que Jesús sufrió terriblemente en la cruz. La crucifixión era más una tortura que una ejecución, y los romanos eran maestros de la tortura. Pero no me refiero a esto cuando digo que Jesús sufrió más que cualquier otra persona, sino a sus experiencias con el pecado: «Todos andábamos perdidos, como ovejas; cada uno seguía su propio camino, pero el Señor hizo recaer sobre él la iniquidad de todos nosotros» (v. 6).

En la cruz, Jesús llevó voluntariamente todo el peso del pecado humano. Todos los pecados cometidos por todas las personas de la historia cayeron de golpe sobre Jesús. Y aquello fue una agonía. Jesús fue atravesado por la realidad de aquel pecado, molido y finalmente muerto por él.

Llevado «como cordero al matadero», Jesús escogió sufrir para que tú y yo pudiéramos escoger la bendición. Escogió el sufrimiento para que nosotros pudiéramos tener vida y tenerla en abundancia. Decidió sufrir para que nosotros tuviéramos la oportunidad de fortalecer nuestra mente y estar firmes contra el mismo pecado que él soportó.

En pocas palabras, Jesús sufrió para limitar tu sufrimiento. Porque él es el Cordero de Dios.

Considera lo siguiente

¿Cuáles son las principales fuentes de sufrimiento en tu vida?

¿Qué pasos puedes dar esta semana para presentar este sufrimiento a Jesús?

VERSÍCULO PARA MEMORIZAR

Como bien saben, ustedes fueron rescatados de la vida absurda que heredaron de sus antepasados. El precio de su rescate no se pagó con cosas perecederas, como el oro o la plata, sino con la preciosa sangre de Cristo, como de un cordero sin mancha y sin defecto.

1 PEDRO 1:18-19

Jesús es nuestra redención

Como bien saben, ustedes fueron rescatados de la vida absurda que heredaron de sus antepasados. El precio de su rescate no se pagó con cosas perecederas, como el oro o la plata, sino con la preciosa sangre de Cristo, como de un cordero sin mancha y sin defecto.

1 PEDRO 1:18-19

¿Qué te viene a la mente cuando oyes las palabras *redimir* o *redención*? Son palabras muy características del ámbito eclesial. Los pastores y dirigentes de la iglesia las utilizan constantemente, y las encontrarás por todas partes en artículos, libros y estudios bíblicos. Pero ¿qué significan realmente estos términos?

Es posible que la respuesta te sorprenda.

Hoy en día hablamos de redención como un sinónimo de salvación. Pero esta no es la forma en que se ha utilizado esta palabra durante miles de años. De hecho, en el mundo antiguo, *redimir* y *redención* no tenían en absoluto un sentido espiritual. Eran palabras del ámbito financiero relacionadas con la deuda. Redimir alguna cosa significaba comprarla o recomprarla.

Quizá te preguntes: *¿De dónde surge el vínculo entre redención y salvación?* Buena pregunta. Y la respuesta tiene que ver con Jesús como Cordero de Dios.

Cuando los israelitas de la antigüedad afrontaban dificultades financieras, tenían pocas opciones. Una de las formas de saldar una deuda era vender alguna posesión, pero la mayoría de las personas en aquel tiempo no tenían muchos activos. En aquel entonces las tarjetas de crédito no eran una opción, por ello —por regla general—, quienes tenían dinero para comprar cosas no solían tener problemas financieros.

Una de las formas de abordar una crisis financiera era vender tus tierras. Otra manera era venderte tú mismo, lo cual significaba que voluntariamente te ofrecías como siervo o esclavo para ganar el dinero necesario para retribuir tu deuda. Como puedes imaginar, ninguna de estas opciones era muy atractiva. De hecho, ambas cosas eran profundamente vergonzosas en aquella cultura. La sociedad israelita permitía que otras personas, generalmente miembros de la familia, redimieran lo que se había vendido: recomprar el terreno o comprar la libertad de una persona.

Como hemos visto muchas veces en estas páginas, la humanidad es esclava del pecado y de la muerte. Hemos nacido en este estado de esclavitud, y por nuestros medios no tenemos forma de pagar esta deuda de pecado. Carecemos de recursos para resolver nuestro problema.

Pero Jesús ha resuelto el problema al redimirnos, comprándonos y saldando esta deuda no con oro o plata, sino con su «preciosa sangre» como Cordero de Dios.

No dejes pasar esta oportunidad. Tú te encontrabas en un dilema espiritual. Tu pecado había generado una deuda exorbitante. Es una deuda espiritual, una deuda que heredaste de Adán y que nunca podrás pagar. ¡Deja, pues, de intentar pagarla! Deja de intentar esforzarte más para dar la talla. Siéntate a la mesa con Jesús y reconoce la verdad: él pagó tu deuda hace mucho tiempo. Él es tu redención.

Considera lo siguiente

¿Cuándo te diste cuenta por primera vez de que estabas agobiado por la deuda del pecado y de la muerte?

¿De qué formas concretas puedes expresar gratitud a Jesús por tu redención?

VERSÍCULO PARA MEMORIZAR

Como bien saben, ustedes fueron rescatados de la vida absurda que heredaron de sus antepasados. El precio de su rescate no se pagó con cosas perecederas, como el oro o la plata, sino con la preciosa sangre de Cristo, como de un cordero sin mancha y sin defecto.

1 PEDRO 1:18-19

DÍA 59

Jesús es digno de toda alabanza

Luego miré, y oí la voz de muchos ángeles que estaban alrededor del trono, de los seres vivientes y de los ancianos. El número de ellos era millares de millares y millones de millones. Cantaban con todas sus fuerzas:

> **«¡Digno es el Cordero, que ha sido sacrificado, de recibir el poder, la riqueza y la sabiduría, la fortaleza y la honra, la gloria y la alabanza!».**

APOCALIPSIS 5:11–12

Entre sesenta y setenta años después de la muerte y resurrección de Jesucristo, el apóstol Juan recibió un privilegio que muchos han anhelado: tener una visión del cielo. Y no solo del cielo sino del propio salón del trono de Dios.

Juan registró una electrizante visión de majestad y magnificencia. Describió a Dios sentado en su trono con «un aspecto semejante a una piedra de jaspe y de cornalina». Detrás de él, «un arco iris que se asemejaba a una esmeralda» (Apocalipsis 4:3). Había veinticuatro ancianos rodeando el trono de Dios, cada uno de ellos sentado en su trono. Del trono salían «relámpagos, estruendos y truenos» (v. 5), y frente a él «había algo parecido a un mar de vidrio, como de cristal transparente» (v. 6).

Juan quedó deslumbrado y fascinado, igual que lo estaríamos tú y yo si fuéramos transportados, de algún modo, mil años hacia el futuro e intentáramos describir una ciudad completamente avanzada a nuestro tiempo.

Juan sigue describiendo su visión hablando de cuatro «seres vivientes» que no se parecen a nada que hayamos visto en esta tierra: «El primero de los seres vivientes era semejante a un león; el segundo, a un toro; el tercero tenía rostro como de hombre; el cuarto era semejante a un águila en vuelo. Cada uno de ellos tenía seis alas y estaba cubierto de ojos, por encima y por debajo de las alas» (vv. 7-8).

Después, en medio de toda esta gran pompa y solemnidad, todo este poder y majestad, Juan describió algo nuevo; *alguien* nuevo. «Entonces vi, en medio de los cuatro seres vivientes y del trono y los ancianos, a un Cordero que estaba de pie y parecía haber sido sacrificado. Tenía siete cuernos y siete ojos, que son los siete espíritus de Dios enviados por toda la tierra» (5:6).

Después todos los seres del cielo se postraron para adorar al Cordero, que había sido inmolado en sacrificio. Los seres vivientes se postraron. Los ancianos se postraron. Una compañía de millares de millares y millones de millones de ángeles elevaron sus voces en alabanza declarando: «¡Digno es el Cordero, que ha sido sacrificado, de recibir el poder, la riqueza y la sabiduría, la fortaleza y la honra, la gloria y la alabanza!».

Naturalmente, este Cordero es Jesús. Y es precisamente porque fue inmolado, precisamente porque se ofreció como sacrificio por todas las personas, que es digno de todo honor. Toda la gloria. Toda la alabanza.

¡Alábale pues! Ahora mismo, en este preciso instante. El Cordero de Dios no está arriba, en el cielo, o en algún lugar lejano del cosmos. Está cerca. Está contigo a la mesa. Inclínate, pues, aquí donde estás. Adórale. Reconoce que Jesús fue ofrecido por ti y responde con alabanza.

Considera lo siguiente

¿Qué te han enseñado sobre el cielo?

¿De qué maneras concretas puedes darle honra, gloria y alabanza a Jesús esta semana?

VERSÍCULO PARA MEMORIZAR

Como bien saben, ustedes fueron rescatados de la vida absurda que heredaron de sus antepasados. El precio de su rescate no se pagó con cosas perecederas, como el oro o la plata, sino con la preciosa sangre de Cristo, como de un cordero sin mancha y sin defecto.

1 PEDRO 1:18-19

Jesús es digno de ejecutar juicio

Digno eres de recibir el rollo escrito y de romper sus sellos, porque fuiste sacrificado, y con tu sangre compraste para Dios gente de toda raza, lengua, pueblo y nación. De ellos hiciste un reino; los hiciste sacerdotes al servicio de nuestro Dios, y reinarán sobre la tierra.

APOCALIPSIS 5:9-10

Juan comienza Apocalipsis 5 describiendo a Dios sentado en su trono con un rollo en su mano derecha. Pero no es un volumen cualquiera, sino un rollo «escrito por ambos lados y sellado con siete sellos» (v. 1). Después, Juan oyó un ángel clamando a gran voz: «¿Quién es digno de romper los sellos y de abrir el rollo?» (v. 2). La respuesta fue el silencio. Ni una mosca. Nadie en el salón del trono celestial era digno de levantarse y tomar el rollo de la mano de Dios. La tensión y el temor eran, al parecer, tan intensos que Juan rompió a llorar intensamente (v. 4).

Después llegó la respuesta: Jesús, el Cordero de Dios, «se acercó y recibió el rollo de la mano derecha del que estaba sentado en el trono» (v. 7). En este momento, todo el cielo prorrumpió en alabanza, glorificando a Jesús porque solo él es digno de tomar el rollo y abrir sus sellos. Porque él venció al mal.

Sin embargo, la cuestión es que aquel rollo contiene malas noticias. Si sigues leyendo Apocalipsis, verás que cada vez que Jesús abre uno de los sellos se desata un nuevo horror en la tierra. Con el primer sello aparece el anticristo. El segundo sello conduce a una guerra brutal. El tercer sello abre un periodo de hambre. Con el cuarto, la muerte campa a sus anchas; y así sucesivamente.

La pregunta que hemos de responder es: ¿por qué los residentes del cielo rebosan alegría al saber que el Cordero era digno de tomar el rollo y romper los sellos? ¿No habría sido mejor mantener todo aquello cerrado?

La respuesta tiene que ver con la autoridad. Concretamente, la autoridad para ejecutar juicio. En el mundo antiguo, un rollo sellado por un rey solo podía ser abierto por alguien que tuviera la autoridad apropiada para ello; sucede igual en nuestro tiempo: solo tienen acceso a los documentos secretos aquellos que tienen la correspondiente autorización de seguridad. El hecho de que nadie fuera digno de romper los sellos significaba que nadie tenía la autoridad para gestionar lo que contenía el rollo: muerte, guerra, hambre, pestilencia, desastres naturales, etcétera. Nadie tenía la autoridad para juzgar el mal y llevar la historia a su final.

Entonces Jesús entró en escena. Jesús es digno de abrir el rollo porque tiene autoridad sobre todas las cosas, y también para pronunciar juicios contra el mal. ¡Esa es una noticia maravillosa! ¿Por qué? Porque significa que el mal y el pecado no están sin reglamentar. No están campando a sus anchas fuera de control. Jesús, el Cordero de Dios, los ha derrotado mediante el derramamiento de su sangre. Y es él quien tiene el derecho y la autoridad para gobernar como juez.

En pocas palabras, precisamente porque Jesús tiene autoridad para juzgar el mal tú y yo tenemos esperanza para el futuro. Sabemos que el Cordero ha sido victorioso y lo será finalmente. Por tanto, siempre que el mal intente hacernos daño o distraernos en el presente podemos fortalecer nuestra mente con esta verdad.

Considera lo siguiente

¿Por qué es algo bueno el juicio contra el mal?

¿Cómo deberíamos entender la línea entre el hecho de que Jesús tiene autoridad sobre todas las cosas y el hecho de que Jesús da a las personas libre albedrío para tomar las decisiones que creen convenientes?

> **VERSÍCULO PARA MEMORIZAR**
>
> Como bien saben, ustedes fueron rescatados de la vida absurda que heredaron de sus antepasados. El precio de su rescate no se pagó con cosas perecederas, como el oro o la plata, sino con la preciosa sangre de Cristo, como de un cordero sin mancha y sin defecto.
>
> **1 PEDRO 1:18-19**

Jesús es Rey de reyes

Jesús es Rey

Mi reino no es de este mundo —contestó Jesús—.
Si lo fuera, mis propios guardias pelearían para
impedir que los judíos me arrestaran. Pero mi reino
no es de este mundo.
JUAN 18:36

El siglo veinte no fue especialmente amable con las monarquías. En el año 1900, la mayor parte del mundo estaba bajo el control de reyes y reinas, todos los cuales ejercían un poder y una autoridad reales dentro de sus territorios. Pero llegó la Primera Guerra Mundial. Y luego la Segunda. Y tras ellas el surgimiento de varios movimientos políticos importantes, como la democracia, los nacionalismos, el marxismo y otros que contribuyeron a erradicar la mayoría de dichas monarquías. Hoy quedan solo unas treinta monarquías. Y la mayoría de los monarcas que reinan actualmente tienen poco o ningún poder de facto.[1]

Este cambio en la forma en que se gobierna nuestro mundo ocasiona que la mayoría de las personas no tengan mucha experiencia con reyes y reinas. Lo cual hace que, para muchos de nosotros, sea difícil entender verdaderamente la realidad bíblica de que Jesús es un rey. De hecho, *el* Rey.

Cuando Jesús comenzó su ministerio público, lo primero que enseñó fue la realidad de lo que conocemos como el reino de los cielos o el reino de Dios. «Arrepiéntanse —predicaba Jesús—, porque el reino de los cielos está cerca» (Mateo 4:17). Este fue su primer mensaje; el principal tema que quería comunicar: «El reino de los cielos está cerca».

Durante su ministerio, Jesús pasó mucho tiempo describiendo aquel reino. Les dijo a sus seguidores que no malgastaran el tiempo preocupándose por lo que iban a comer, beber o vestir, sino que buscaran «primeramente el reino de Dios y su justicia, y todas estas cosas les [serían] añadidas» (6:33). Jesús declaró también: «El reino de los cielos es como la levadura que una mujer tomó y mezcló en una gran cantidad de harina, hasta que fermentó toda la masa» (13:33). Quería decir que el reino encuentra la manera de extenderse dentro de las distintas culturas. Crece. Y a Nicodemo, el maestro, le dijo: «De veras te aseguro que quien no nazca de nuevo no puede ver el reino de Dios» (Juan 3:3).

Jesús habló también de lo que cuesta entrar en el reino de los cielos. «No todo el que me dice: "Señor, Señor", entrará en el reino de los cielos, sino solo el que hace la voluntad de mi Padre que está en el cielo» (Mateo 7:21). Y añadió: «Les aseguro que el que no reciba el reino de Dios como un niño de ninguna manera entrará en él» (Marcos 10:15).

Por último, Jesús expresó con claridad que el reino de Dios es completamente distinto de cualquier monarquía o nación que jamás haya existido en la tierra. Es espiritual. Es celestial. Como le dijo a Pilato: «Mi reino no es de este mundo».

En este momento llevamos sesenta días explorando quién es Jesús y las cosas que él valora. Él es Dios y hombre. Es nuestro Salvador y nuestro rabino, nuestro amigo y nuestro Señor. Es tanto sumo sacerdote como el Cordero de Dios. Jesús es todo esto y más, mucho más.

Pero la próxima vez que tengas una conversación con Jesús, recuerda que estás conectando con el Rey, *tu* Rey. Recuerda que estás desarrollando una relación con el soberano del universo. Y recuerda que tienes esta oportunidad no porque la merezcas, sino porque el Rey de todas las cosas dejó su trono y preparó una mesa en presencia de tus enemigos.

Considera lo siguiente

¿Qué ideas o imágenes te vienen a la mente cuando oyes la palabra rey? ¿Por qué?

¿Qué significa a nivel práctico decir que Jesús es Rey?

VERSÍCULO PARA MEMORIZAR

En los días de estos reyes el Dios del cielo establecerá un reino que jamás será destruido ni entregado a otro pueblo, sino que permanecerá para siempre y hará pedazos a todos estos reinos.

DANIEL 2:44

DÍA 62

Jesús es el Rey eterno

Cuando tu vida llegue a su fin y vayas a descansar entre tus antepasados, yo pondré en el trono a uno de tus propios descendientes, y afirmaré su reino. Será él quien construya una casa en mi honor, y yo afirmaré su trono real para siempre.

2 SAMUEL 7:12-13

Si hay una cosa que todos los reyes terrenales tienen en común es que su reino no permanece para siempre. Tanto los peores reyes de la historia como los más grandes brillaron con una gloria limitada durante un breve espacio de tiempo (algunos un poco más que otros) y después se apagaron. Se extinguieron.

Todas las monarquías que han existido se han derrumbado o se derrumbarán. Es cierto que muchas de ellas fueron impresionantes en su momento. De ellas quedaron palacios y esculturas, y dejaron su marca en nuestros libros de historia. Pero la verdad es que los reinos terrenales no perduran.

Pero el reino de Dios es distinto por cuanto es eterno. Imperecedero. Y lo mismo se aplica a Jesús el Rey.

En 2 Samuel hay un interesante diálogo entre Dios y el rey David. Cuando terminó un majestuoso palacio para él, David se sentía incómodo pensando en el lugar que Dios tenía asignado dentro de su reino. Concretamente, los israelitas seguían adorando a Dios en el tabernáculo, que era básicamente una tienda. Era grande y elegante, sí, pero seguía siendo una tienda. David, pues, decidió que iba a edificarle una casa a Dios. Un templo. El rey de Israel comenzó a hacer planes. Contrató a los mejores arquitectos y diseñadores. Estaba dispuesto a no reparar en gastos.

Entonces Dios intervino y le dijo a David que se detuviera. Le recordó que no tenía necesidad de que le construyeran un lugar donde vivir. ¡Él era Dios! Ningún espacio terrenal, ya fuera una tienda, un templo o la torre más alta, podía contener al que creó las galaxias e hizo existir los sistemas solares.

Lo que dijo Dios fue que él le construiría una casa a David; no un edificio físico, sino una dinastía, un linaje: «Cuando tu vida llegue a su fin y vayas a descansar entre tus antepasados, yo pondré en el trono a uno de tus propios descendientes, y afirmaré su reino». Después añadió: «Tu casa y tu reino durarán para siempre delante de mí; tu trono quedará establecido para siempre» (2 Samuel 7:16).

Dios, naturalmente, estaba hablando del Mesías que nacería en la línea de David. Estaba hablando de Jesús. Pero es importante que entendamos que Jesús no comenzó su existencia cuando nació en Belén unos mil años después. Ni tampoco se convirtió de repente en rey cuando se hizo un hombre.

Jesús ha existido siempre. Es eterno. Y siempre ha sido el soberano incuestionable del reino de Dios. No tiene ningún predecesor. Ni sucesor. Ni heredero. Él era, es y será siempre Rey. La verdad es que Jesús puso a un lado su corona y dejó su trono para poder llevar a cabo la obra que solo él podía realizar. Salvación. Sacrificio. Redención. Expiación. Todas las verdades que hemos explorado a lo largo de estas páginas.

Jesús, el Rey eterno, hizo estas cosas para que tú y yo pudiéramos formar parte de su reino. Rechaza, pues, cualquier voz que intente susurrarte al oído que eres una persona indeseada. Indigna. Mal recibida. Diles a estas voces que hablen con tu Rey.

Considera lo siguiente

¿Por qué es importante recordar que Jesús ha existido siempre y siempre ha sido Rey?

¿Cómo debería influir el carácter regio de Jesús en la forma en que te acercas a él e interactúas con él?

VERSÍCULO PARA MEMORIZAR

En los días de estos reyes el Dios del cielo establecerá un reino que jamás será destruido ni entregado a otro pueblo, sino que permanecerá para siempre y hará pedazos a todos estos reinos.

DANIEL 2:44

Jesús es Rey de los judíos

Así que la asamblea en pleno se levantó, y lo llevaron a
Pilato. Y comenzaron la acusación con estas palabras:
—Hemos descubierto a este hombre agitando a nuestra
nación. Se opone al pago de impuestos al emperador y
afirma que él es el Cristo, un rey.
Así que Pilato le preguntó a Jesús:
—¿Eres tú el rey de los judíos?
—Tú mismo lo dices —respondió.

LUCAS 23:1-3

No te conviene enfrentarte a Jesús. Un oficial romano, Poncio Pilato,
lo intentó durante su arresto, pero las cosas tomaron un giro inesperado para él. De hecho, cuando Pilato acabó de interrogar a Jesús,
comenzó una discusión pública con los principales sacerdotes y su
caterva de seguidores en Jerusalén, intentando convencerles de que
Jesús era inocente y debía ser liberado. Estoy seguro de que la nota
que le mandó su esposa durante su conversación con Jesús no ayudó
especialmente. La nota decía: «No te metas con ese justo, pues, por
causa de él, hoy he sufrido mucho en un sueño» (Mateo 27:19).

En última instancia, Jesús fue crucificado según el plan de Dios.
Pero aun así, aquel encuentro con Cristo dejó una huella indeleble en
Pilato que le llevó a clavar un letrero sobre la cruz que decía: «JESÚS
DE NAZARET, REY DE LOS JUDÍOS». A los líderes religiosos no les gustó
nada aquel letrero y se quejaron: «No escribas "Rey de los judíos" [...].
Era él quien decía ser rey de los judíos».

Pero Pilato les respondió: «Lo que he escrito, escrito queda» (Juan 19:21-22).

Pilato, evidentemente, pensaba que Jesús era rey. Cuando le preguntó a Jesús «¿Eres tú el rey de los judíos?», lo que quería decir era si era *un* rey con *minúsculas*. Un rey terrenal. El gobernante regional de un pequeño territorio llamado Judea.

Por desdicha, la mayoría de las personas del tiempo de Jesús compartían la forma de pensar de Pilato. Incluso aquellos que seguían a Jesús creían que sería un rey en el sentido más básico de esta palabra. Creían que el Mesías sería una segunda venida del rey David, o quizá de Josué. Esperaban que el Cristo establecería un reino en la tierra, derrocaría al imperio romano y restauraría las riquezas y el poder que el reino de Israel había disfrutado durante los días de Salomón.

Cuando Jesús reconoció ser el Rey de los judíos, diciéndole a Pilato «Tú lo has dicho», estaba haciendo una afirmación mucho mayor. Concretamente, Jesús estaba afirmando ser el cumplimiento de la profecía que Dios le dio a David: «Será él quien construya una casa en mi honor, y yo afirmaré su trono real para siempre. Yo seré su padre, y él será mi hijo» (2 Samuel 7:13-14).

A la gente le es fácil intentar encasillar a Jesús según sus propias opiniones y deseos. Hoy también, incluso dentro de la iglesia, corremos el peligro de intentar encoger a Jesús a un tamaño que nos resulte más cómodo manejar.

Jesús no es solo una buena persona o un gran pensador moral. Jesús no es una máquina expendedora cósmica o una tarjeta para salir gratis de la cárcel. No es un Mesías útil hecho a nuestra imagen.

Cuando te sientes a la mesa que él te ha preparado, ¡adora al Rey de los judíos en el mayor sentido de la palabra! ¡Adora a Jesús como tu Señor y maestro, tu Salvador y tu Rey eterno!

Considera lo siguiente

¿En qué espacios de nuestra cultura ves que se minimiza a Jesús?

¿Cuáles son las formas adecuadas de adorar a Jesús como Rey?

> **VERSÍCULO PARA MEMORIZAR**
>
> En los días de estos reyes el Dios del cielo establecerá un reino que jamás será destruido ni entregado a otro pueblo, sino que permanecerá para siempre y hará pedazos a todos estos reinos.
>
> **DANIEL 2:44**

Jesús es el Rey de gloria

Eleven, puertas, sus dinteles;
   levántense, puertas antiguas,
   que va a entrar el Rey de la gloria.
¿Quién es este Rey de la gloria?
   Es el SEÑOR Todopoderoso;
   ¡él es el Rey de la gloria!
SALMOS 24:9–10

Mi padre es un artista y, por eso, siempre he apreciado el arte. Pienso en lo extraño que debe ser intentar pintar a Jesús. ¿Cómo decides qué pintar? ¿Cómo procedes para captar su esencia de forma significativa?

Tengo la impresión de que la mayoría de los artistas que lo intentan deciden centrarse en lo que podemos llamar el lado más suave del Salvador. Me refiero a Jesús como el buen pastor, con una oveja sobre sus hombros, Jesús llamando a la puerta. Y, naturalmente, Jesús en la cruz.

Aunque estos son reflejos acertados de determinados elementos de su carácter, no representan la totalidad de la persona y la obra de Jesús. Por eso me gustaría ver a algún artista moderno abordando la descripción que Juan hace de Jesús en Apocalipsis 1.

Cuando el apóstol Juan experimentó una visión que comprendía el salón del trono celestial, el fin del mundo y la gloriosa ciudad que los eruditos llaman «los nuevos cielos y la nueva tierra», lo primero que vio Juan fue a Jesús. Pero no a Jesús como carpintero, ni en su perfil más suave de Salvador, sino a Jesús como Rey.

«Me volví para ver de quién era la voz que me hablaba y, al volverme, vi siete candelabros de oro. En medio de los candelabros estaba alguien "semejante al Hijo del hombre", vestido con una túnica que le llegaba hasta los pies y ceñido con una banda de oro a la altura del pecho». Hasta aquí todo bien, ¿no? Es fácil imaginar a un artista pintando esto. Pero fíjate en lo que viene después:

> Su cabellera lucía como la lana blanca, como la nieve; y sus ojos resplandecían como llama de fuego. Sus pies parecían bronce al rojo vivo en un horno, y su voz era tan fuerte como el estruendo de una catarata. En su mano derecha tenía siete estrellas, y de su boca salía una aguda espada de dos filos. Su rostro era como el sol cuando brilla en todo su esplendor (Apocalipsis 1:12-16).

¡Este es Jesús el Rey! El Jesús que está lleno de sabiduría y rebosa de poder. Aquel cuya voz resuena con autoridad por toda la eternidad. Jesús el conquistador y el juez.

«¿Quién es este Rey de la gloria?», pregunta David. La respuesta es el Jesús que vio Juan. El Jesús revelado. No es de extrañar que Juan dijera: «Al verlo, caí a sus pies como muerto» (v. 17). ¿Quién no? ¿Quién podría mantenerse en pie ante un rey así?

Cuando el enemigo intente decirte que Dios no puede resolver tu problema, recuerda esta imagen de Jesús. Cuando el enemigo pretenda convencerte de lo fuerte y aterrador que es, recuerda el poder y la potencia de tu Rey. Y cuando intente decirte que Cristo no se preocupa por ti, recuerda lo que sucedió cuando Juan cayó al suelo aterrorizado por la visión del Rey de gloria: «poniendo su mano derecha sobre mí, me dijo: "No tengas miedo"» (v. 17).

Considera lo siguiente

¿Qué imagen suele venirte a la mente cuando piensas en Jesús?

¿Cuándo te ha tocado Jesús en una forma significativa?

VERSÍCULO PARA MEMORIZAR

En los días de estos reyes el Dios del cielo establecerá un reino que jamás será destruido ni entregado a otro pueblo, sino que permanecerá para siempre y hará pedazos a todos estos reinos.

DANIEL 2:44

DÍA 65

Jesús es Rey de reyes

Lo siguen los ejércitos del cielo, montados en caballos blancos y vestidos de lino fino, blanco y limpio. De su boca sale una espada afilada, con la que herirá a las naciones. «Las gobernará con puño de hierro». Él mismo exprime uvas en el lagar del furor del castigo que viene de Dios Todopoderoso. En su manto y sobre el muslo lleva escrito este nombre:

REY DE REYES Y SEÑOR DE SEÑORES.

APOCALIPSIS 19:14-16

Hay dos verdades sobre China que encuentro fascinantes. La primera es que el gobierno chino ha estado esforzándose durante décadas en una campaña sistemática para sofocar el cristianismo dentro de sus fronteras. Las leyes limitan férreamente el número de iglesias que pueden existir en el país, está prohibido introducir Biblias, y quienes viven abiertamente como cristianos en China se enfrentan a un creciente nivel de persecución, redadas y acoso.

La segunda verdad es que, en China, el cristianismo está creciendo de forma explosiva. A pesar de la persecución y a pesar de los riesgos, la iglesia crece numéricamente a pasos agigantados. El cristianismo protestante es la religión que crece más rápidamente en China (un país oficialmente ateo), y muchas valoraciones sitúan el número total de cristianos en este país en más de cien millones.

¿Cómo puede ser? ¿Cómo puede el cristianismo crecer en un país en que los poderosos funcionarios del gobierno hacen de forma habitual e implacable todo lo posible por acabar con él? La respuesta es Jesús. Concretamente, la respuesta es que Jesús es Rey de reyes y Señor de señores.

Hemos estado explorando la visión de Juan en el libro de Apocalipsis, y uno de sus elementos clave es la batalla final entre el reino del mundo —es decir, los gobernantes, poderes y autoridades de nuestro mundo— y el reino de Dios.

En esta batalla, el reino de Dios es dirigido por Jesús, a quien Juan describe en términos gloriosos:

> Luego vi el cielo abierto, y apareció un caballo blanco. Su jinete se llama Fiel y Verdadero. Con justicia dicta sentencia y hace la guerra. Sus ojos resplandecen como llamas de fuego, y muchas diademas ciñen su cabeza. Lleva escrito un nombre que nadie conoce sino solo él. Está vestido de un manto teñido en sangre, y su nombre es «el Verbo de Dios» […]. En su manto y sobre el muslo lleva escrito este nombre: Rey de reyes y Señor de señores (19:11-13, 16).

Durante miles de años, reyes y gobernantes han intentado abatir y aplastar esta idea conocida como cristianismo. Los poderes de este mundo han hecho todo lo posible por acabar con la revolución que comenzó Jesús, pero no lo han conseguido. ¿Por qué? Porque Jesucristo es Rey de reyes y Señor de señores.

En el futuro, gobiernos y organizaciones políticas seguirán intentando abatir y aplastar a la iglesia. Intentarán sustituirla. Reducirla. Eliminarla. Pero no lo conseguirán. ¿Por qué? Porque Jesucristo es Rey de reyes y Señor de señores.

Es muy posible que en el transcurso de tu vida experimentes persecución religiosa. Es posible que seas atacado por tu fe. Puede que seas ridiculizado. Quizá te despidan de tu trabajo o tus amigos te repudien. Pero estos ataques no tienen que impedir que sigas viviendo la vida para la que Dios te ha creado. ¿Por qué? Porque Jesucristo es Rey de reyes y Señor de señores.

Considera lo siguiente

¿En qué áreas ves que nuestro mundo intenta sofocar las ideas cristianas y su influencia?

¿De qué formas te has sentido acosado o perjudicado por tus convicciones sobre Jesús?

VERSÍCULO PARA MEMORIZAR

En los días de estos reyes el Dios del cielo establecerá un reino que jamás será destruido ni entregado a otro pueblo, sino que permanecerá para siempre y hará pedazos a todos estos reinos.

—DANIEL 2:44

Jesús es el Rey victorioso

Oí una potente voz que provenía del trono y decía: «¡Aquí, entre los seres humanos, está la morada de Dios! Él acampará en medio de ellos, y ellos serán su pueblo; Dios mismo estará con ellos y será su Dios. Él les enjugará toda lágrima de los ojos. Ya no habrá muerte, ni llanto, ni lamento ni dolor, porque las primeras cosas han dejado de existir».
APOCALIPSIS 21:3–4

Ver deportes en vivo puede ser una experiencia intensa. Yo vivo en el sur, y conozco a muchas personas que, como yo, se entusiasman con sus equipos (Auburn), especialmente con el fútbol universitario. Son personas que van a los partidos, compran sudaderas, están al día en cuanto a las últimas novedades y próximos enfrentamientos. ¡Son seguidores serios! Y durante los partidos en directo pueden experimentar emociones muy intensas.

Sin embargo, ¿qué sucedería si estos mismos seguidores estuvieran viendo de nuevo un partido que ya vieron en su día? ¿Qué sucedería si siguieran el video de un partido sabiendo que su equipo lo ganó? Sería una experiencia poco emocionante, ¿no crees? Cuando el otro equipo marcara un gol, mis amigos sonreirían. Puede incluso que aplaudieran un poco. Aunque el otro equipo consiguiera una gran ventaja en el marcador, mis amigos no se preocuparían en absoluto, sabiendo cómo acabó el partido y que su equipo acabó ganando.

Por increíble que parezca, podemos tener esta misma experiencia como seguidores de Jesús, como siervos del Rey. Porque suceda lo que suceda en nuestra vida y al margen de lo que depare el futuro, sabemos que estamos en el equipo ganador. Sabemos que nuestro Rey ha vencido.

Si la miramos en su conjunto, la historia de la Biblia es una historia de victoria. En el principio todo lo que Dios creó era bueno, incluida la raza humana. Pero después, el pecado entró en escena y trajo el mal, la corrupción, la muerte y la separación de Dios.

Durante siglos y siglos hemos estado en rebelión contra Dios y contra su reino. Sí, esta rebelión ha sido dirigida mayormente por Satanás y sus fuerzas del mal, pero no podemos quedarnos al margen ni considerarnos sin culpa. La verdad es que hemos participado en esta rebelión cada vez que hemos dicho no a la voluntad de Dios y sí a la nuestra, cada vez que hemos decidido ser señores de nuestra vida. Cada vez que hemos decidido ser reyes con minúsculas para servirnos a nosotros mismos en lugar de servir a nuestro Rey.

Sin embargo, durante todos estos siglos Dios ha estado trabajando para restaurar lo que se había perdido y reparar lo que se estropeó. Él ha seguido su plan para vencer el mal de una vez y para siempre, y reparar su relación con la humanidad.

Los últimos capítulos del libro de Apocalipsis nos muestran el final de este plan: la victoria de nuestro Rey, la derrota de Satanás y la derrota de la propia muerte. En su lugar, un cielo nuevo y una nueva tierra donde «¡está la morada de Dios! Él acampará en medio de ellos, y ellos serán su pueblo». No habrá más lágrimas ni más dolor. Estas cosas dan paso a una boda entre Cristo y su iglesia, que representa la plena restauración de nuestra relación; una vuelta al Edén, donde «las hojas del árbol son para la salud de las naciones» (22:2) y donde «ya no habrá maldición» (v. 3). Donde veremos a nuestro Rey cara a cara.

Esto es el fin de la historia, de *tu* historia. Recuerda, pues, esta realidad cuando te sientes a la mesa con tu Salvador. Imprégnate de esta victoria. Satúrate de esta verdad.

Jesús ha vencido. Tu Rey es victorioso. Y tú cosechas ya los beneficios de esta victoria.

Considera lo siguiente

¿Qué has aprendido sobre Jesús en estas páginas?

¿De qué formas te ayudará este conocimiento a fortalecer tu fe y fortificar tu mente?

VERSÍCULO PARA MEMORIZAR

En los días de estos reyes el Dios del cielo
establecerá un reino que jamás será destruido ni
entregado a otro pueblo, sino que permanecerá
para siempre y hará pedazos a todos estos reinos.

DANIEL 2:44

Notas

Introducción

1. Rita Reif, «Most Expensive Table», *New York Times*, 2 febrero 1990, https://www.nytimes.com/1990/02/02/arts/auctions.html.

Día 1: Jesús es Dios

1. Nota TK.

Día 3: Jesús es la Palabra de Dios

1. Equipo de redacción, «How Many Copies of the Bible Are Sold Each Year?», Reference.com, 3 abril 2020, https://www.reference.com/world-view/many-copies-bible-sold-year-3a42fbe0f6956bb2.

Día 4: Jesús lo creó todo

1. David J. Eicher, «How Many Galaxies Are There? Astronomers Are Revealing the Enormity of the Universe», *Discover*, 19 mayo 2020, https://www.discovermagazine.com/the-sciences/how-many-galaxies-are-there-astronomers-are-revealing-the-enormity-of-the.

Día 5: Jesús te creó

1. Amit Agarwal, «Visualizing a Trillion: Just How Big That Number Is?», *Digital Inspiration*, 3 marzo 2009, https://www.labnol.org/internet/visualize-numbers-how-big-is-trillion-dollars/7814/.

Día 10: Jesús es un personaje histórico

1. Tácito, *Anales XV*.44, citado en Lawrence Mykytiuk, «Did Jesus Exist? Searching for Evidence Beyond the Bible», *Biblical Archeology Review*, enero/febrero 2015, https://www.biblicalarchaeology.org/daily/people-cultures-in-the-bible/jesus-historical-jesus/did-jesus-exist/.

Día 16: Jesús nos salva del mal

1. Christian Oord, «Believe It or Not: Since Its Birth the USA Has Only Had 17 Years of Peace», WarHistoryOnline.com, 19 mayo 2019, https://www.warhistoryonline.com/instant-articles/usa-only-17-years-of-peace.html.

Día 17: Jesús nos salva de la muerte

1. John Donne, «Death Be Not Proud», Poetry Foundation, https://www.poetryfoundation.org/poems/44107/. Traducción publicada en https://ciudadseva.com/texto/muerte-no-te-enorgullezcas/.

Día 21: Jesús nos enseñó a orar

1. «Longest Telephone/Video Conversation (Team of Two)», Guinness World Records, https://www.guinnessworldrecords.com/world-records/longest-telephonevideo-conversation-(team-of-two).

Día 22: Jesús enseñó sobre los falsos maestros

1. Jonathan Romeo, «Following GPS Route, 30-foot Box Truck Becomes Stuck on Engineer Pass», *Durango Herald*, 19 octubre 2020, https://durangoherald.com/articles/350732.

Día 28: Jesús es el buen pastor

1. Sam Knight, «The Tweeting of the Lambs: A Day in the Life of a Modern Shepherd», *New Yorker*, 27 abril 2018, https://www.newyorker.com/news/letter-from-the-uk/the-tweeting-of-the-lambs-a-day-in-the-life-of-a-modern-shepherd; James Rebanks, *La vida del pastor: la historia de un hombre, un rebaño y un oficio eterno* (Barcelona: Debate, 2016).

Día 29: Jesús es la resurrección y la vida

1. Associated Press, «Man Attends His Own Funeral in Brazil», CBS News, 4 noviembre 2009, https://www.cbsnews.com/news/man-attends-his-own-funeral-in-brazil/.

Día 32: Jesús es Señor de la creación

1. «Titanic's Unsinkable Stoker», BBC News, 20 marzo 2012, https://www.bbc.com/news/uk-northern-ireland-17543632.

Día 37: Jesús es tu amigo

1. «Best Friends for 60 Years Discover They Are Brothers», CBS News, 26 diciembre 2017, https://www.cbsnews.com/news/best-friends-for-60-years-discover-they-are-brothers/.

Día 38: Jesús te ama

1. Hal David y Burt Bacharach, «What the World Needs Now Is Love», © New Hidden Valley Music Co., Casa David Music, 1965.

Día 39: Jesús te ofrece gracia

1. John Newton, «Sublime Gracia», 1779.

Día 43: Jesús es cabeza de la iglesia

1. «The Oldest Churches in the World», Oldest.org, https://www.oldest.org/religion/churches/.

Día 46: Jesús unifica a la iglesia como su cuerpo

1. Sarah Gibbens, «New Human "Organ" Was Hiding in Plain Sight», *National Geographic*, 27 marzo 2018, https://www.nationalgeographic.com/news/2018/03/interstitium-fluid-cells-organ-found-cancer-spd/.
2. Stephanie Pappas, «Scientists Discover New Organ in the Throat», LiveScience, 20 octubre 2020, https://www.livescience.com/new-salivary-gland.html.

Día 48: Jesús preserva a su iglesia

1. Jiachuan Wu, Daniel Arkin y Robin Muccari, «An Icon in Flames», NBC News, s.f., https://www.nbcnews.com/news/world/ notre-dame-fire-what-was-damaged-n995371.

Día 54: Jesús nos designó sacerdotes

1. Julie Zauzmer, «Why a Yale Neuroscientist Decided to Change Careers—and Is Now Becoming a Priest», *Washington Post*, 3 marzo 2017, https://www.washingtonpost.com/news/acts-of-faith/ wp/2017/03/03/why-a-yale-neuroscientist-decided-to-change-careers-and-is-now-becoming-a-priest/.

Día 61: Jesús es Rey

1. Equipo de redacción, «How the World's Monarchs Are Adapting to Modern Times», *The Week*, 16 junio 2019, https://theweek.com/ articles/847076/ how-worlds-monarchs-are-adapting-modern-times.

Acerca del autor

Louie Giglio es pastor en Passion City Church y pionero del movimiento Passion, cuya vocación es llamar a una generación a usar sus vidas para la fama de Jesús.

Desde 1997, los eventos Passion Conferences han reunido a jóvenes de todo el territorio estadounidense y por todo el mundo. Recientemente, Passion 2021 ha reunido —vía *online*— a 700.000 personas de más de 150 países.

Louie es autor de más de una docena de libros superventas en Estados Unidos, entre ellos su publicación más reciente, *No le des al enemigo un asiento en tu mesa*, así como *Goliat debe caer, Cuán grande es nuestro Dios: 100 Devocionales indescriptibles acerca de Dios y la ciencia, The Comeback, The Air I Breathe, Yo no soy, pero conozco al yo soy: conoce al protagonista principal* y otros títulos. Como comunicador, Louie es ampliamente conocido por mensajes como «Indescriptible» y «Cuán grande es Dios».

Nacido en Atlanta y graduado en la Universidad estatal de Georgia, Louie ha hecho estudios de postgrado en la Universidad Baylor y tiene un máster del Southwestern Baptist Theological Seminary. Louie y su esposa, Shelley, viven en Atlanta.